タリバン台頭

――混迷のアフガニスタン現代史

青木健太
Kenta Aoki

岩波新書
1920

目次

序章　政権崩壊……1

第一章　「失われた二〇年」(二〇〇一〜二〇二一年)……15

1　「外発的」だったイスラーム共和国の成立過程　16

2　アメリカの対アフガニスタン政策の変遷　30

3　ターリバーンの強靱性　37

第二章　ターリバーン出現の背景(一九九四〜二〇〇一年)……49

1　無秩序状態にあった内戦時代　50

2　「世直し運動」の始まり　56

3　諸外国との関係　69

第三章　伝統的な部族社会アフガニスタン（一七四七〜一九九四年）……75
1　ドゥッラーニー朝における統治　76
2　部族統治の実態　87
3　保守的なアフガニスタン社会　94

第四章　ターリバーン支配下の統治……99
1　ターリバーンの思想体系　101
2　ターリバーン暫定政権の指導体制と統治方針　108
3　女性の権利保障を含む多くの争点　118

第五章　周辺国に与える影響……127
1　歴史的に見た外部からの干渉と介入　128

目　次

2　アメリカ軍撤退と中国、ロシア、近隣諸国の台頭　133
3　域内パワーバランスの変容がもたらす影響　149

第六章　「テロの温床」化への懸念……155
1　ターリバーンと国際テロ組織　156
2　「イスラーム国ホラーサーン州」が投げかける脅威　165
3　監視の目を行き届かせるには　172

終　章　内発的な国の発展とは……177

参考文献……193
図出典一覧……207
あとがき……209
関連年表

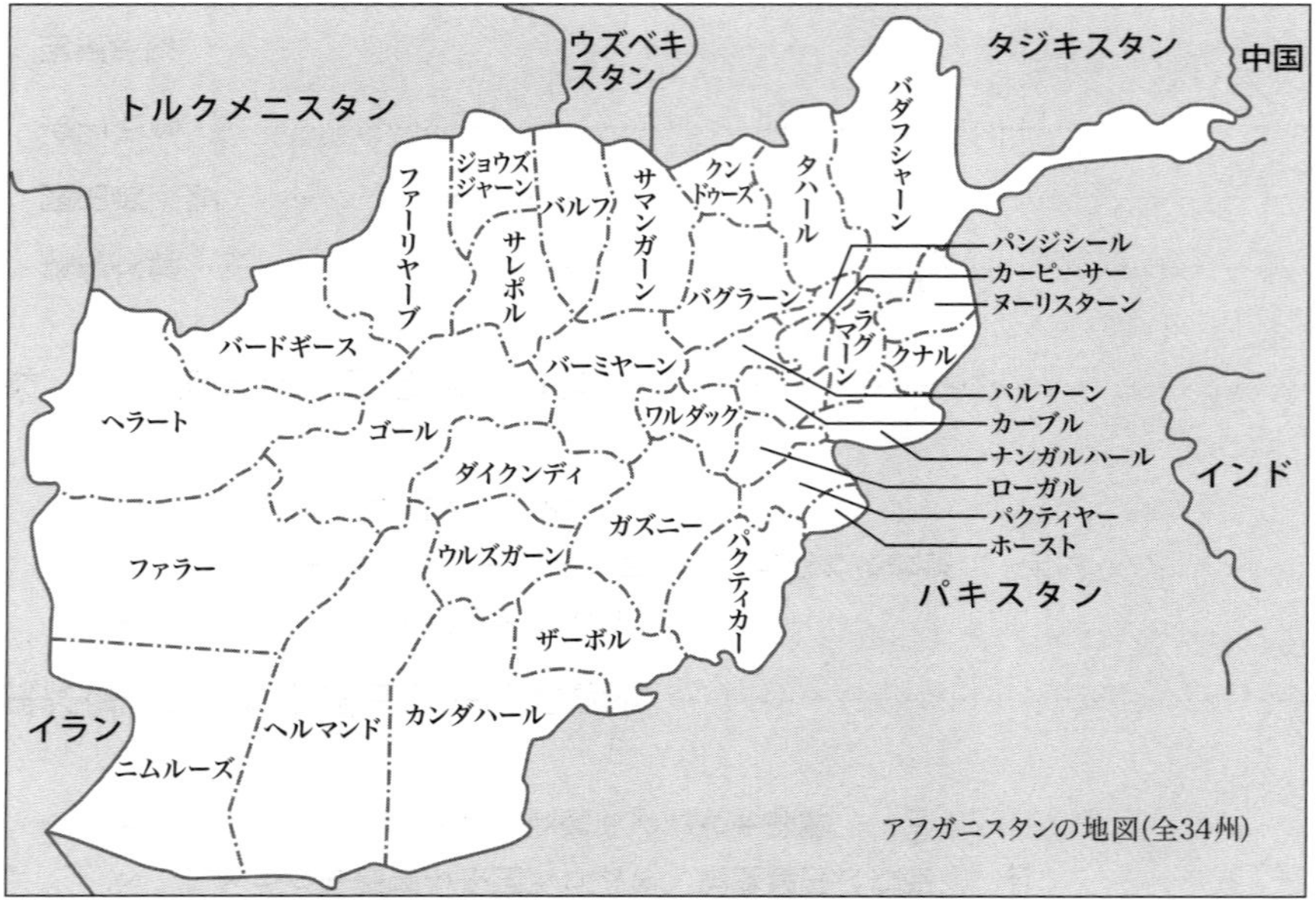

アフガニスタンの地図(全34州)

序章　政権崩壊

劇的な進攻

「ターリバーンがカーブルを掌握した」

日本にいる筆者のもとに、アフガニスタンの友人からテキスト・メッセージがダリー語(アフガニスタン公用語の一つ)で寄せられた。二〇二一年八月一五日現地時間午後七時半過ぎのことであった。

同日昼までに、首都カーブルはターリバーンに包囲されていた。ターリバーンは八月六日に南西部ニムルーズ州都ザランジを攻略したのを皮切りに、一二日には西部ヘラート州と南部カンダハール州の州都を、一四日には北部の要衝バルフ州マザーリシャリーフを制圧していった。そして、一五日朝までには東部ナンガルハール州都ジャララバードもターリバーン側に陥落するに至った。この時点で、誰の目から見ても、ターリバーンの軍事的優位は明らかであった。

その後に起こり得る展開は、ターリバーンが武力を用いて政権を簒奪《さんだつ》するか、もしくはアフガニスタン・イスラーム共和国とターリバーンとの間で何らかの政治的妥協が図られるか、の二者択一に狭まっていた。

緊張が高まる中、ターリバーンは一五日午後一時半過ぎの声明で、戦闘員は人口密度の高い

図 1　2021 年 8 月 15 日，大統領府を掌握したターリバーン

図 2　2021 年 8 月 16 日，首都カーブルにて．アメリカなどが提供した警察車両に乗ったターリバーン兵士たち

大都市であるカーブルには入城しないようにと指示を出し、イスラーム共和国との対話を通じて権力移行プロセスを完了させる意思を示した。

時を同じくして、イスラーム共和国のミールザクワール内相代行もカーブル市民に対して、ターリバーンと移行政権を作ることで合意を交わしておりカーブルが攻撃されることはない、市民は安心するようにとの演説動画を配信した。一五日昼過ぎのこの時点において、厳しい状況に変わりはないものの、権力移行プロセスが緩やかに前進するかに思われた。

しかし、その数時間後に事態は急変した。アシュラフ・ガニー大統領が国外逃亡を図ったことが判明したのである。同日午後六時過ぎ、イスラーム共和国のナンバー・ツーに相当する国家和解高等評議会議長の職にあったアブドゥッラー・アブドゥッラーは、「ガニー「元」大統領が国外逃亡した」と静かな怒りとともに動画で公表した。

後日、ガニー大統領の側近であったマティーン・ベック官房長官は、「ターリバーンがカーブルに入城しないとの立場を明らかにしたとき、ガニー大統領とともにカーブル市内の秩序は平穏に保たれることを確認した。私たちは全ての準備を終えた。そして、彼は一度帰宅すると言ったので、別れた。自分は昼食にでかけた……(中略)……(一五日)午後二時四五分頃、大統領府に歩いて戻るときに飛び立とうとするヘリコプターを目撃した。そのときは、まさかそのヘリコプターでアシュラフ・ガニーが逃げ出そうとしているとは思いもしなかった」と証言している。ガニー大統領の国外逃亡は、側近にとってもまったく予期せぬ出来事であった。

アブドゥッラーの発表を聞くが早いか、ターリバーンは先程の声明を撤回した。そして、カーブル市内では治安部隊要員が職場放棄し市民の生命と財産が脅威に晒されている、ついては略奪行為を防ぐため戦闘員はカーブルに入城するようにと命じる声明を発出した。

これを受けて、一五日夜半、大統領府はターリバーンによって攻略され、イスラーム共和国は事実上崩壊した。八月六日に初めて州都が陥落してから、たったの九日間で政権崩壊に至る劇的な展開は世界に衝撃をもたらした。

砂上の楼閣

凄まじい勢いで一国が崩壊する様子を目の当たりにして、我々はこの事態をどのように受け止めればよいであろうか。多くの疑問が脳裏に浮かぶ。イスラーム共和国の治安部隊は制空権を有していた。何ゆえに、アメリカから最新鋭の武器を供与されたイスラーム共和国の治安部隊は、まともな装備品も有しないターリバーン戦闘員を相手に惨めなまでの敗北を喫したのであろうか。ターリバーンはどのようにして、二〇年にも及ぶ武装抵抗活動を今日まで続けることができたのだろうか。何故、過去二〇年間の民主的な国家建設は失敗したのだろうか。

いずれの質問も、歴史の教訓を得るための重要な問いである。しかし、長い時間軸でみれば、今回の政権崩壊は起こるべくして起こった出来事であったともいえるかもしれない。

二〇〇一年九月一一日のアメリカ同時多発テロ事件を受けて、同年一〇月七日、アメリカと同盟国がターリバーン「政権」に対する空爆を開始し、以後二〇年に及ぶ戦争が続いた。同年一二月までにターリバーンは権力の座から追われ、一二月五日には戦後復興のロードマップを定める「ボン合意」がドイツのボンで締結されることとなった。暫定政権の首班の選出にはアメリカやパキスタンや国連など外部者の強い意向が働いていた。

その後、暫定政権は、二〇〇二年六月成立の移行政権を経て、二〇〇四年一〇月には最初の大統領選挙が行われて正式な政権になるが、並行して諸外国から巨額の援助が流入したことで行政の末端まで汚職が蔓延《はびこ》り、政治エリートと一般民衆との間の溝は深まるばかりだった。これを証明するかのように、二〇一九年に行われた大統領選挙の投票率は、史上最低となる一八・八%を記録した。この時点において、イスラーム共和国の正統性には大きな疑問符が付されており、国民の政治不信は最高潮に達していた。

アメリカのブリンケン国務長官は一〇月三一日のアメリカ民放「CBSニュース」のインタ

ビューで、政権崩壊の前日に当たる八月一四日にガニー大統領と電話で話したと述べ、彼から「ターリバーンによって率いられる新しい政権へ権力を移行する計画に同意する」との反応があったことを明らかにしている。ブリンケン国務長官によれば、ガニー大統領は権力分有に応じる用意があると答え、「もしターリバーン側が応じないならば、死して屍になろうとも最後まで戦う」と発言したという。しかし、実際は、国軍の最高指揮官でもあるガニー大統領は、アフガニスタン国民の和平への希望をよそに敵前逃亡した。トップからして、命懸けで国を護る気概を欠いていたようにも見える。

和平交渉の仲介をしたアメリカのハリールザード特使もまた、アフガニスタンの民放「トロ・ニュース」の独占インタビュー(二〇二一年一一月八日)において、「和平実現に向けて千載一遇の機会が訪れたが、残念ながら、ターリバーンとイスラーム共和国の双方がうまく事を運べなかった」と述懐した。同時に、同特使は、「カーブルがターリバーンに包囲される数日前の時点で、ターリバーンとの間でカーブルに入城しないことと、「二週間の猶予期間」を設け暫定政権の樹立に向けて政治的解決を図ることの二点で了解を取り付けていた。ガニー大統領もその和平案に同意していた」と明かした。

その和平案では、イスラーム共和国側の権力の取り分は五〇%以下であったという。歴史に

「もし」はないが、もしあのときガニー大統領が国外逃亡しなかったなら、全く別の展開もあり得たかもしれない。九月八日にガニー大統領は「流血の事態」を避けるために国外脱出したと釈明したが、その声明文は英語で記されていた。アフガニスタンの公用語パシュトゥー語とダリー語での意見表明はなかった。ガニー大統領にとっての聴衆が、アフガニスタン国民でないことはここでも明らかであった。

遡れば、一九八九年のソ連軍撤退後、一九九二年四月には対ソ連戦で国を護ったムジャーヒディーン(ジハード[聖戦]を行う者たち)各派が連立政権を樹立した。しかし、連立政権内での権力闘争が勃発すると、ムジャーヒディーンは軍閥と化した。軍閥たちは略奪や暴行や通行税の徴収などで国土を荒廃させたが、二〇〇一年以降のイスラーム共和国成立過程で権力の座に復帰した。こうした元軍閥と、戦禍を逃れた海外移住組のテクノクラートが、イスラーム共和国の権力中枢を占めていた。ターリバーンの観点からすれば、内戦時代に敵対していた勢力が、アメリカなど諸外国の後ろ盾を得て権力を一手に握り、利権を貪る状況が過去二〇年にわたり続いていた。

また、歴史上、伝統的部族社会であるアフガニスタンにおける急速な近代化は、宗教界や部族長老等の保守層から常に反発を招いてきた。急速な近代化と女性の解放を推し進め、一九二九年に失脚したアマーヌッラー国王の先例は、驚くほどガニー政権の崩壊に酷似している。ターリバーンは、保守的なアフガニスタン社会の一部の声を代表する存在ともいえる。

こうして歴史を振り返ると、法の支配、基本的人権、および民主主義といった自由主義的な価値を外部から押し付ける形で進められた民主的な国家建設は、伝統的部族社会であるアフガニスタンにおいて砂上の楼閣を築こうとするようなものであった。

ターリバーンという社会現象

「ターリバーン」という名は、欧米メディアでは、「恐怖政治」や「女性の抑圧」などのキーワードによって語られてきた。それは一面では正しいかもしれない。しかし、現地の実情はより複雑だ。紛争には必ず、紛争当事者双方の見方がある。二〇二一年八月三〇日に最後のアメリカ兵がアフガニスタンを去った後、ターリバーンのムジャーヒド報道官は、「(八月三〇日)夜一二時に、最後のアメリカ兵がカーブル空港を発った。これにより、我が国は完全に自由と独立を達成した」と発表した。この意味において、今回のカーブル陥落も、ターリバーンの観点からすれば、「カーブル解放」と位置づけられるのではないか。

本書は、ターリバーン台頭の要因を明らかにするべく、ターリバーンを混迷のアフガニスタン現代史の歴史的脈絡（コンテクスト）の中に位置づけて、その実像を描き出す。ターリバーンについて、欧米メディアのレンズを通して語られる描写は一面的には正しい。しかし、アフガニスタン社会が内包する特質や、同国の歴史的脈絡といったバックグラウンドを知ることなしに、そこから生まれたターリバーンという社会現象について理解することは難しい。

確かに、ターリバーンは多面性を持つ存在である。一九九六～二〇〇一年のターリバーン「政権」時代、ターリバーンが女性の教育・就労を制限するとともに、男性の家族構成員の付き添いなしでの外出すら禁じたことは事実である。その他、音楽や踊りなどの娯楽を禁止したことで、当初は治安の回復を称賛したアフガニスタン国民も、ターリバーンに対する反感を強めた。また、バーミヤーンの大仏破壊に代表される偶像崇拝の禁止や、ウサーマ・ビン・ラーディン身柄引き渡し要求の拒否も、ターリバーン「政権」と国際社会との間の軋轢《あつれき》を深めた。

二〇〇一年以降、イラクからの影響を受けて、ターリバーンはそれまで行っていなかった自爆攻撃を始めた。表向きは、「占領軍」とその傀儡《かいらい》への攻撃と言いつつ、多くの無辜《むこ》の民間人がターリバーンによって殺傷された。ガニー政権崩壊以降も、ターリバーン戦闘員がイスラーム共和国関係者の粛清を行っている嫌疑が拭《ぬぐ》われておらず、女子教育の継続を訴えるデモ隊への暴力的な鎮圧や、少数民族ハザーラ人への迫害なども報じられている。ターリバーンは土着の政治運動としてのみならず、軍事組織としての顔も持っている。このような諸相を見せるターリバーンを、一方的に擁護することはできない。

しかし、ターリバーンはアフガニスタンが直面する「現実」であり、四〇年以上もの長期にわたって混迷を続けるアフガニスタン現代史の産物であることを否定することはできない。この部分に関する研究の不足を補うべく、ターリバーンの多面的な実像についての理解を深め、それを読者諸賢の知恵としていただくことが本書の目標である。

本書の構成

本書は全六章から成る。第一章は、二〇〇一～二〇二一年のアメリカ軍事介入以降の期間に焦点を当てて、アメリカ、パキスタン、および国連が主導権を握ったカルザイ政権の成立プロセスを明らかにする。その後、カルザイとガニー大統領の部族統治の手法を用いた国政によって、いかに腐敗が浸透し行政機能の停滞と対ターリバーン軍事作戦に影響を及ぼしたかについて検討する。また、この一方でターリバーンが過去二〇年間でどのような軍事・政治戦略を講じてきたか、アメリカのブッシュ、オバマ、トランプ、バイデンと続いた歴代政権の対アフガニスタン政策の変遷の観点からも考察する。

第二章は、一九九六〜二〇〇一年のターリバーン「政権」期に焦点を当て、一九九四年のターリバーンの起源、活動目標、統治方針、および対外関係を考察する。ターリバーン出現の背景には、一九八九年のソ連軍撤退後にムジャーヒディーン各派が始めた権力闘争による混乱があり、「世直し運動」の側面を持っていたことを指摘する。

第三章は、アフガニスタン現代史の展開の中にターリバーンを位置づけ、同国の社会や慣習や文化との連続性と逸脱を検討する。ドゥッラーニー朝(一七四七〜一九七三年)における統治、その当時の「カーブルの王国」と地方の部族統治との関係や、部族慣習法パシュトゥーン・ワリーとの整合性からもターリバーンの実像を明らかにしたい。

前半の三つの章は、ターリバーン台頭の要因を三つの異なる尺度から説明する。

続く第四章では、二〇二一年八月一五日に実権を掌握したターリバーンによる統治の実態を、ターリバーンの思想、政治体制、および統治方針の諸相から説明する。ターリバーン指導部は全ての者に恩赦を与える方針を示しているが、末端のターリバーン戦闘員はこれを遵守していない。女性の権利をめぐる問題についても、様々な立場・方面から批判が存在する。ハザーラ人などシーア派教徒への迫害も無視できない問題である。

第五章では、アフガニスタンの政治情勢が、周辺国に与える影響について、域内パワーバランスの変化の観点から述べる。歴史上、アフガニスタンは常に大国の介入と干渉を受けて、それによって翻弄されてきた。米中対立が先鋭化する中、アメリカ軍撤退後には中国の台頭が予想される。また、中国に加えて、ロシア、イラン、パキスタン、カタール、トルコなど域内諸国のターリバーンへの関与も重要である。

第六章では、アフガニスタンが再びテロの温床となる懸念について、ターリバーンの意志と能力、イスラーム過激派諸派、および近隣諸国の動向から見たい。アメリカや日本をはじめとする国際社会が、いかに監視の目を届かせることができるのかが重要であり、この意味ではターリバーンを政府承認するか、大使館を再開するのかといった問題とこの問題は密接不可分に結びついている。

終章では、アフガニスタンにおける内発的な国の発展はどうあるべきかについて、外部者との関わり、アフガニスタンの保守性に鑑みて検討する。日本とアフガニスタンの関係についても、故・緒方貞子氏や故・中村哲医師などの活動に触れながら言及したいと思う。

現代史を通じて、アフガニスタンは欧米列強の干渉と介入に翻弄され続け、混迷を極めた。本書執筆現在、アフガニスタンにおける和平実現は未完のプロジェクトだ。

第一章　「失われた二〇年」（二〇〇一〜二〇二一年）

クーデタの日、祝賀の人波が街路を移動し、たがいに喜びの挨拶をかわしていた時、彼等に話しかけられたひとりの老人が、聞きなれない言葉にとまどって、こう尋ねた。「クーデタって何だ?」「おじいさん、国王をやっつけたんだ。王制は終わったんだよ。アフガニスタンは良くなるんだ」しかし、老人はそんな若者達の答えに憤然として顔を上げ、激しく彼等を面罵した。「それが、どうしたんだ。ただ牛が立って、そこにロバが坐っただけだろう」

——佐々木徹『アフガンの四季』

1　「外発的」だったイスラーム共和国の成立過程

アメリカ同時多発テロ事件

何故、ターリバーンはこれ程までに劇的な台頭を果たしたのか。この問いは、何故、過去二〇年間の民主的な国家建設に向けた努力が失敗したのかという問いとも重なる。

そもそも、二〇〇一年以降に成立したアフガニスタン・イスラーム共和国は、アフガニスタン人の総意によって発足した政権ではなく、外部からの体制転換の試みであった。

二〇〇一年九月一一日にアメリカ同時多発テロ事件が起こったことで、アフガニスタンの運命は大きく変わった。

ハイジャックされた民間航空機二機がニューヨークの世界貿易センタービルに突入し、別の民間航空機一機がバージニア州アーリントン郡の国防総省本庁舎に墜落した。この国際テロ組織アル＝カーイダ（AQ）による一連のテロ攻撃により、合計死者数は約三〇〇〇名に上った。アメリカ国内では愛国心の高まりとともに、実行犯に対して正義の鉄槌を下すべきとの意見が席巻した。

同月一八日、米国連邦議会両院は、九・一一事件の責任者、および、それを匿《かくま》った者に対する必要かつ適切な武力の行使を承認する権限を大統領が有するとの合同決議を採択した。その二日後、ジョージ・W・ブッシュ大統領は演説の中で、ターリバーンに対して、彼らが支配する土地に潜む全てのAQ指導者をアメリカに引き渡さなければ軍事行動も辞さないとの警告を突きつけた(White House, *Address to a Joint Session of Congress and the American People*)。しかし、ターリバーンはこのアメリカの要求を拒否したため、一〇月七日、アメリカと同盟国はターリバーン「政権」に対する空爆を開始し、以後二〇年にわたるアフガニスタン戦争の火蓋が切られることとなった。

九・一一事件当時のアフガニスタンは、ターリバーンがほぼ全土を実効支配する一方で、反ターリバーンを掲げる北部同盟が主に北東部で抵抗活動を続ける状況であった。パキスタンのバーバル内相が「ターリバーンは我々の子どもだ」と述べるなど、パキスタン軍統合情報局(ISI)が「戦略的縦深《じゅうしん》(strategic depth)」の考えのもとでターリバーンを背後から支援していた(Rashid, *Taliban*, p. 29)。その一方、パキスタンの域内での影響力拡大を警戒し、イラン、インド、およびロシアが北部同盟を背後から援護し、これに対抗する構図を形作っていた。

いわば代理戦争の様相を呈する中、アメリカは中央情報局(CIA)を通じて、自国の権益を脅かすAQへの抵抗を続ける北部同盟のアフマド・シャー・マスード司令官に対し、訓練や装備を供与した。しかし、クリントン政権(一九九三〜二〇〇一年)、およびブッシュ(子)政権(二〇〇一〜二〇〇九年)の政策により、その供与物資は非殺傷兵器に限られており、両者の関係性は限定的なものであった(スティーブ・コール『シークレット・ウォーズ(上)』三三〜三四頁)。

しかし、こうした状況は九・一一事件により一変した。急激な軍事・政治的展開の中において、ターリバーン後の「力の真空」をどう埋めるかが、軍事行動を主導したアメリカ政策決定者にとって喫緊の課題として浮上した。

カルザイの暫定政権首班選出

一二月五日の戦後復興のロードマップを定めたボン合意で暫定政権の成立が合意され、二二日にはハーミド・カルザイが暫定政権の首班に選出されたが、その選出過程はアメリカとパキスタンと国連の強い意向を受けたものであった。

南部カンダハール州出身のカルザイは、最大民族パシュトゥーン人の有力部族であるポパルザイ族の御曹司として育った。カルザイはインドで修士号を得た後、一九八三年にパキスタンのペシャーワルに移り住み、スンナ派ムジャーヒディーン七大勢力の一つではあったが最も小さな勢力で、王党派と称される民族解放戦線のセブガトゥッラー・ムジャッディディー党首の秘書を務めていた。カルザイの父親のアブドゥルアハド・カルザイはポパルザイ族の部族長で、王制時代には国会議員として活躍していた。

一九九四年にターリバーンが登場したとき、カルザイは救国を目指すターリバーンに一定の信頼を寄せていたという。しかし、カルザイは「(ターリバーンは)その後すぐにISIに乗っ取られてしまった」と述懐しており、ある時期から反ターリバーンに立場を変えた。その決断をさせた大きな出来事は、一九九九年の彼の父親の暗殺であった。アブドゥルアハド・カルザイは、バイクに分乗した暗殺者によって射殺された(『シークレット・ウォーズ(上)』一四二頁)。その後、カルザイはパキスタンを拠点に、反ターリバーン勢力の結集に向けて、各国から支援を求める情報提供者《インターロキューター》としての役割を担った。

ボン合意では、一二月二二日に、暫定行政機構、緊急ロヤ・ジルガ(部族大会議)開催のための特別独立委員会、および最高裁判所から成る暫定政権が成立した。暫定行政機構の首班の選出に当たっては、国連が「カルザイでなければだめだ」との強硬な立場を貫き、カルザイに白羽の矢が立った。当初、主要なアフガニスタン人一四名による内輪の投票では、王制時代に司法相を務めたサッタール・スィーラト博士(ウズベク人)が最多となる一一票を獲得し、大きく引き離された次点のカルザイは二票を得たに過ぎなかった。この結果が国連のブラヒミ事務総長特別代表に伝えられたところ、同代表は「この結果には問題がある、パシュトゥーン人を指名するように」と返した(進藤雄介『アフガニスタン祖国平和の夢』九四〜九八頁)。

カルザイがこのように国連から推挙された背後には、諸外国の存在があった。ボン会合に向かう途上、「ISI長官のエフサン・ウル・ハックと、長年にわたりマスードの政治補佐を務めたアブドゥッラー・アブドゥッラーは、ドビンズ(筆者注：当時のアメリカのアフガニスタン問題担当特使)に対しそれぞれ別々に、アフガニスタン暫定政権の望ましい指導者としてハーミド・カルザイの名前を挙げてきた」(『シークレット・ウォーズ(上)』一四九頁)。

アメリカ人ジャーナリストのボブ・ウッドワードは、「タリバン政権でさして重要ではない大臣をつとめ、その後亡命して反政府勢力に加わった穏健なアフガニスタン人指導者のハーミド・カルザイを、CIAの一部の幹部が推した」と著述している(ボブ・ウッドワード『ブッシュのホワイトハウス(上)』二〇一頁)。つまり、アメリカとパキスタンがカルザイを相応しい人物とみなし、その意向を受けて国連が半ば強制的に彼を指名したというのが実態に近い。

カルザイという人物

それでは、何故、カルザイが暫定政権の首班として相応しいと考えられたのであろうか？パキスタン人ジャーナリストのアフメド・ラシッドは、「ワシントンとロンドンは、カルザイを政治的には軽量級」とみなしていたものの、彼の優れた言語能力（カルザイはパシュトゥー語、ダリー語、ウルドゥー語、英語、フランス語、ヒンディー語の六言語を巧みに操る）、貪欲に知識を吸収する姿勢、そして、お洒落な装いなどから欧米受けのする「知識人」と捉えていた。

ラシッドとカルザイは、九・一一事件の直前にラホールで食事を交えながら、パキスタン政府がカルザイに国外退去命令を下す状況の中で、アフガニスタンからパキスタンに逃れてきた反ターリバーン部族勢力と頻繁に連絡を取り、諸外国から武器と資金を集め、アフガニスタン国内の反ターリバーン勢力に秘密裏に供与する従来の活動を続けるべきか相談していた。カルザイはヨーロッパに逃れることも検討したというが、結局はアメリカの空爆が始まった一〇月中旬にはバイクに乗って仲間とともにカンダハール入りした（Rashid, *Descent into Chaos*, pp. 3–23）。

当時、国連アフガニスタン特別ミッションで勤務し、後に駐アフガニスタン特命全権大使を務めた髙橋博史は、旧知のイラン人外交官の話として、「カルザイほど臆病で、軽く、使いやすい人物はいない」と記述している。それを物語るエピソードとして、未だソ連との戦いが全盛だった頃にイスラマバードで開かれたムジャーヒディーン勢力による合同会議での出来事が

図3　ハーミド・カルザイ

ある。

カルザイは、ムジャッディディー民族解放戦線党首の後ろに座っていたが、会議中に手を挙げて発言を求めた。発言しようというまさにそのとき、「パキスタン軍統合情報局のメンバーが、カルザイの椅子を強く蹴った。そのため、カルザイは危うくひっくり返りそうになった。彼は恥ずかしそうに首を引っ込めるしぐさをした。そして、何事もなかったように椅子に座り直した」（髙橋博史「混乱のアフガニスタンと地域情勢」三八頁）。結局のところ、パキスタンは、カルザイを操縦しやすい人物とみなしており、そのような軽い人物こそがアフガニスタンの暫定政権の首班に相応しいと考えていたのであった。

カルザイは、アフガニスタン国内の政治勢力に対しても影響力を持っていなかった。一九九〇年代、マスード司令官の側近であったファヒーム・ハーン将軍は、カルザイを敵と内通した疑いで拷問にかけたことがあった。ファヒームはカルザイを脅しに屈する「弱い人間」だと考えていた（『シークレット・ウォーズ（上）』）一四二頁）。以降、二〇〇四年の大統領選挙を経て、カルザイは正式な政権の首班になるが、国内外のメディアから「カーブル市長」と揶揄されていたことが示すとおり、国内政治基盤を有さないことからムジャーヒディーン勢力に利権を配分する部族統治の手法で国家運営を進めた。このことが、イスラーム共和国統治下のアフガニスタンで汚職を蔓延らせることになった。

押しつぶされた王制復活を求める声

また、国民の多くは王制の復活を求めていたが、そうした声もアメリカと、暫定政権で権力を手中に収めた国内勢力によって押しつぶされた。

ボン合意では、暫定政権成立から六カ月以内に緊急ロヤ・ジルガを開催し、移行政権を樹立することとなっていた。一つの節目となる緊急ロヤ・ジルガ(二〇〇二年六月一一〜一九日)では、カルザイを移行政権の首班にすべきと考える派閥に対し、ザーヒル元国王(在位一九三三〜一九七三年)を担ぎ出し実質的な権限を与えるべきと考える元国王派が出現した。この動きは、カルザイとそれを支持する北部同盟以外の勢力が現状に不満を持ったことに端を発しており、将来の政治体制における権力をめぐる闘争であった。

二〇〇二年四月一八日、ザーヒル元国王が約三〇年ぶりにアフガニスタンに帰国し、緊急ロヤ・ジルガに向けた各勢力による水面下での根回しが佳境を迎えた。現状に満足しない日和見主義者も加わり、元国王派は実質的に過半数を越える勢いを見せていた。カルザイ支持派は、このまま進めばザーヒル元国王が移行政権の首班になるべしとの声が強まると考え、緊急ロヤ・ジルガの開催を一日遅らせ六月一一日とした。

前日の六月一〇日、ザーヒル元国王とカルザイは元国王の私邸で記者会見を行い、「王制を復活させることに関心はないし、私自身、緊急ロヤ・ジルガでは何らの地位に立候補する意図もない……(中略)……カルザイ議長が移行政権の長となることを完全に支持する」との元国王の声明が代理人によって発表された。これにより、カルザイの優位が確定的となった(『アフガニスタン祖国平和の夢』一一七〜一二六頁)。

しかし、これはカルザイ支持派の計略によるものであった。この記者会見の二時間前にはアメリカのハリールザード大統領特使(当時)が米国大使館で記者会見を行い、同じ趣旨の発表をしていた。その当時を知る外交官の進藤雄介によれば、ザーヒル元国王の孫は「記者会見は元国王自身全く予想しておらず、突然カルザイ議長らが元国王邸を訪れ、文字通り元国王の手を引いて記者の前に座らせた」と述べている。記者会見翌日、ザーヒル元国王は「あの声明文を書いたのは誰か」と周囲に聞いたという(『アフガニスタン祖国平和の夢』一一七〜一二六頁)。

ハリールザードはブッシュ大統領の要請を受けて、二〇〇四年にアメリカの駐アフガニスタン大使に就くが、その後も大使時代にはイスラーム共和国政府の閣議に一員として参加するなど、内政干渉と思えるほど深くアフガニスタンに関わった。二〇〇九年の大統領選挙ではハリールザード自らがアフガニスタンの大統領選挙に出馬するのではとの観測もなされた(ハリールザードはアフガニスタン国籍も有する)。その後、トランプ政権(二〇一七~二〇二一年)下では、二〇一八年九月からアフガニスタン和解担当特別代表として、アメリカとターリバーンとの交渉責任者を務めた。その後のターリバーンの政治的・軍事的台頭を許した要因の一つを、国民統合の象徴である王制の復活を阻んだハリールザードに求めたとしても行き過ぎではない。

アフガニスタン社会に蔓延した汚職

こうしてカルザイを首班とすることでイスラーム共和国が船出したが、その後の国政の舵取りと治安維持は困難を極めた。その中でも、ターリバーン台頭を促す一因となったのが、深刻な汚職の問題だった。

二〇〇四年一月の憲法制定、および同年一〇月の大統領選挙を経て正式なイスラーム共和国が樹立されて以降も、元軍閥は依然として大きな権力を有していた。西部ヘラート州を実効支配したタジク人のイスマーイール・ハーン野戦指揮官や、北西部ジョウズジャーン州を拠点とするウズベク人のアブドゥルラシード・ドゥーストム将軍、南部カンダハール州の有力な軍閥であったパシュトゥーン人のグル・アーガー・シェールザイ、そして、ソ連軍が侵攻しても陥落できなかった急峻なパンジシール渓谷出身者から成るタジク人のパンジシール派などが群雄割拠していた。

このため、カルザイ大統領は、例えばイスマーイール・ハーンには水・エネルギー相ポスト、ドゥーストム将軍には国防次官ポスト、シェールザイにはカンダハール州知事ポスト、並びに、パンジシール派の重鎮ユーノス・カーヌーニーには教育相ポストを配分するなどし、利権を差配することで歓心を買おうとした。これは、国内に支持者を持たないカルザイ大統領にとっては、背に腹は代えられぬ苦渋の選択だった。しかし、こうした利権の差配によって様々な政治勢力を懐柔する政治手法が、後に深刻な汚職を生んでいった。

その中でも史上最悪の疑獄事件と称されるのが、二〇一〇年に明るみに出たカーブル銀行問題である。同事件は、銀行預金を銀行幹部が湾岸諸国の不動産投資などの乱脈融資に悪用したもので、その被害額は一〇〇〇億円を越えるとも推計された。カルザイ政権高官の親族も犯人に含まれていたことから、その後の統治に大きな禍根《かこん》を残した。

カルザイの親族にも、異母弟であるアフマド・ワリー・カルザイが麻薬ビジネスに手を染めているのではないかとの疑いが存在した。ワリー・カルザイはカンダハール州知事を務め、同地で盛んに行われるケシ栽培に代表される麻薬ビジネスから莫大な利権を得ていた。カルザイはこれを取り締まらなかったことで、政府高官の間では「できるうちに私腹を肥やさなければ損だ」といった風潮が醸成されていった。

汚職は、NGO・民間企業から、政府開発援助を受けて活動する地元建設業者、そして政府高官に至るまで隅々に蔓延った。筆者自身、アフガニスタン勤務時に部下とともに事務用品販売店を訪れた際、援助団体で働くスタッフと思しきアフガニスタン人が店主に対し二重領収書の作成を依頼している姿を目撃したことがある。そのような末端の汚職から、建設会社による中抜き事案、政府高官が官職を金銭で売り渡す事案など、ありとあらゆる腐敗がアフガニスタンに巣食った。

イスラーム共和国の治安部隊維持経費の多くは外国からの援助に依存していたが、そうした援助が実際には存在しない幽霊隊員の給与として消えてもいた。アメリカの対アフガニスタン援助の監査を担う「アフガニスタン特別復興査察官(SIGAR)」は二〇二〇年七月の報告書で、「南部カンダハール州、ザーボル州、ヘルマンド州、およびウルズガーン州において、五〇～七〇％の警察官は幽霊隊員である」と報告している(SIGAR, *Quarterly Report to the United States Congress*, p. 4)。

こうした状況に鑑みれば、政権崩壊直前の時点において、イスラーム共和国という家屋は、その柱が隅々まで腐食しており、八月一五日にいよいよ大黒柱が朽ち果てて倒壊したかのようであった。

国民の根深い政治不信

確かに、「外発的」にイスラーム共和国が成立したとはいえ、カルザイ政権成立当初はアフガニスタン国民の多くが明るい未来に希望を託していた。しかし、時が経つにつれ、国民と政治エリートの溝は深まった。

その溝を深めるきっかけとなったのは、四度行われた大統領選挙である。二〇〇四年大統領選挙は、ターリバーン「政権」崩壊後の初めての選挙であり、これから明るい未来がやってくるとの希望の下で多くの国民が投票所に足を運んだ。同選挙では投票総数は八一二万八九四〇票を数え、投票率は八三・六六％に及んだ。この結果、カルザイ大統領が当選を果たした。その五年後に行われた二〇〇九年大統領選挙では、治安上の脅威もあり、投票総数は四八二万三〇九〇票に減少したり、不正投票の存在が争点となったりしたものの、一応は平和裏にカルザイ大統領が再選を決めた。

国民に根深い政治不信を植え付けたのが、二〇一四年大統領選挙であった。その選挙過程は混乱を極めた。二〇一四年四月五日に第一回投票が実施された際、得票数第一位はマスード司令官の側近だったアブドゥッラー元外相(四五%)で、第二位が世界銀行でエコノミストを務めたガニー元財相(三一・五六%)であった。しかし、六月一四日に行われた決選投票の暫定結果(七月七日)でガニーの逆転勝利(五六・四四%)が判明した。これを不正による結果だとして不服とするアブドゥッラー陣営が猛抗議し、支援者らによる抗議デモが常態化するなど一触即発の事態に陥った。事態を重く見たアメリカのケリー国務長官(当時)が仲介し、両候補間での政治合意締結を通じて挙国一致政府が樹立され、敗者候補に行政長官職(首相職に相当)を設けるとともに閣僚ポストの等分の配分をすることで権力分有が図られた。最終投票結果は、国民が命懸けで投票したにもかかわらず、公表されることはなかった。「最終結果無き選挙」は、国民の政治エリートへの拭い難い不信感を固定化した。

二〇一九年大統領選挙でもガニー、アブドゥッラー両候補が出馬し接戦を繰り広げたが、ガニー大統領が五〇・六四%の得票率で続投を決めた。しかし、同選挙でもやはり不正の疑いは拭えなかった。投票率が史上最低となる一八・八%を記録したことは、政権の正統性に疑問を投げかけ、国民の根深い政治不信を改めて浮き彫りにした。

2　アメリカの対アフガニスタン政策の変遷

開戦したブッシュ（子）政権（二〇〇一～二〇〇九年）

前述のように、イスラーム共和国政府はアメリカの後ろ盾がなければ発足し得なかった体制であり、アメリカの対アフガニスタン政策がアフガニスタン情勢に多大な影響を与えたことは疑いがないだろう。今日のアフガニスタンの混迷を理解するうえで、ブッシュ（子）政権当時ですら、介入の目的が曖昧であった点は重要である。

アメリカがアフガニスタンに介入した目的は、九・一一事件というアメリカ本土を襲った未曽有の同時多発テロが発生し、愛国心に駆られた群衆が「USA！　USA！」と叫びながら復讐を求める中で、首謀者であるAQを壊滅し、その潜伏地であったアフガニスタンを再びテロの温床にしないことであった。しかし、その後のアメリカでの数度の政権交代を経ても、介入の目的は曖昧なまま今日まで来たと言わざるを得ない。

二〇〇一年一〇月七日にアメリカ軍がアフガニスタンへの軍事攻撃を開始し、一一月一三日には反ターリバーンの北部同盟がカーブルを制圧した。北部同盟の攻勢を受けて、ターリバーンとAQは南部、および南東部から越境し東方のパキスタン領へ逃れた。このとき、ブッシュ(子)政権は、九・一一事件の首謀者であるAQの幹部に裁きを下し、再びテロを起こさせないことを目標に据えていたが、アフガニスタンへの対処方針は未決定であった。

これを示すエピソードとして、ジャーナリストのボブ・ウッドワードは、軍事行動を控えた二〇〇一年一〇月四日の国家安全保障会議(NSC)の時点でなお、ブッシュ(子)大統領はポスト・ターリバーンのアフガニスタンについて「誰が国を統治するのだい?」と出席者に対して述べたと記述している。アメリカはポスト・ターリバーンの青写真を何ら持ち合わせていなかった。また、一〇月一五日のNSCでもブッシュ(子)大統領は「私は地上軍派遣を伴う国家建設はしたくない」と発言しており、アフガニスタンを民主的な国家に変容させるほどまで深く関わることにアメリカは及び腰だった(Woodward, *Bush at War*, p. 195, 241)。

なお、その後の二〇〇二年四月一七日、ブッシュ(子)大統領はバージニア州立軍事学校での演説で、「平和は、アフガニスタンにおける安定した政権樹立を支援することで達成される」と述べた。アメリカは、次第に民主的な国家建設に引きずり込まれていった。

図4　カーブルにて大統領・州議会選挙に向けポスターが張られる様子(2009年8月17日)

「出口戦略」を進めたオバマ政権（二〇〇九～二〇一七年）

ブッシュ(子)政権からアフガニスタン戦争を引き継いだオバマ政権は、現場での悪化する治安情勢を踏まえた司令官からの大幅な増派要請と、アフガニスタンへの関与を支持しない国民世論の間で難しい決断を迫られていた(Woodward, *Obama's Wars*, p. 308)。

結局、オバマ大統領は就任の約二カ月後の二〇〇九年三月二七日に、アフガニスタンとパキスタンに対する新戦略を発表し、アメリカのアフガニスタン・パキスタン政策の核心的目標は、ＡＱおよびＡＱの両国における聖域を攪乱、解体、撃滅し、ＡＱが両国に再帰することを阻止することである、と定めた。

同戦略においては、「イデオロギー的に動機付けされていない反政府勢力に、武器を手放し、AQとの関係を断ち切り、アフガニスタン政府憲法を遵守するよう説得すること」を認めつつも、原則的には「AQと関係を有するムッラー・ウマル(筆者注：ターリバーン創始者兼初代最高指導者)とターリバーンのハードコアとは和解し得ず、そうした者との取引は行うことができない」と規定された(White House, *White Paper*)。こうして一二月一日には、アメリカ軍三万名の増派とともに、二〇一一年七月から撤収開始する「出口戦略」が示された。

オバマ政権期に軍事面で重視されたのが、反乱鎮圧作戦であった。二〇一〇年にマクリスタル将軍の後任として着任したペトレイアス駐留アメリカ軍司令官は、イラクで成功を収めた手法――AQに対抗させるべくスンナ派勢力を支援するとともに民心掌握作戦を展開し治安を回復させた――をアフガニスタンにも応用しようとした。反乱鎮圧作戦は、国境を越えた先に聖域が存在しては成功しない。このため、オバマ政権の対アフガニスタン政策は、アフガニスタンとパキスタンを包括するものとなった。同時に、アフガニスタンに伝統的に存在する自警団を武装化し「アフガニスタン地元民警察」として動員することでターリバーンの脅威に対抗した他、地方復興チーム(PRT)という民軍連携プロジェクトを展開し、開発プロジェクトの提供を通じた民心掌握を図った。日本政府も、西部ゴール州でリトアニア軍と連携して開発プロ

表1　ドーハ合意の概要

1 テロ対策	ターリバーンは，自らのメンバー，あるいはAQを含む他の個人・集団に対し，アフガニスタンの国土を米国，および同盟国の安全を脅かすために使用させない．
2 米軍撤退	締結後135日以内に基地5カ所の兵力を8600人まで削減する．締結後14カ月以内(2021年5月まで)に全軍撤退する．
3 アフガニスタン人同士の協議	相互の囚人交換(アフガニスタン政府がターリバーン囚人5000人を，ターリバーンがアフガニスタン政府囚人1000名を釈放)後，2020年3月10日(筆者注：原文の通り)に開始．協議開始後3カ月以内に，全ての囚人釈放を目標とする．
4 停　　戦	恒久的，かつ，包括的な停戦はアフガニスタン人同士の協議での議題となる．

注：非公開の附属文書が存在するとされる．
出所：青木健太「米国の対中東外交とトランプ政権――軍事的撤退と対イラン強硬政策に着目して」

ジェクトを実施した。しかし、二〇一四年末の駐留外国軍戦闘部隊撤収を境に、治安情勢はさらに悪化した。

「ディール」を結んだトランプ政権（二〇一七～二〇二一年）

そして、トランプ政権がターリバーンを対話相手とみなし「ディール（取引）」を通じて膠着《こうちゃく》状況を打破する方向に大きく舵を切り、アメリカ軍撤退への道筋をつけた。これは、イスラーム共和国政権崩壊に至る大きな分岐点であった。二〇一八年九月にトランプ大統領は、ハリールザードを和解担当特別代表に任命し、カタールにおけるアメリカ・ターリバーン協議を累次にわた

図5　2020年2月29日，アメリカのハリールザード特使とターリバーンのバラーダル副指導者が署名

って行わせた。そして、二〇二〇年二月二九日に、ハリールザード特使とターリバーンのアブドゥル・ガニー・バラーダル副指導者兼政治局長がドーハ合意に署名するに至った(表1)。

ドーハ合意はトランプ大統領が好んだ「ディール」と呼べるもので、アメリカはターリバーンにアフガニスタンの領土を国際テロ組織に使用させないと約束させることで利益を得た一方、ターリバーンは二〇二一年五月までのアメリカ軍撤退という利益を得た。これにより、アメリカは「テロの温床」化を防ぐことは確保したが、アフガニスタンにおける民主的な国家建設からは完全に手を引いた。およそ三〇の諸外国・国際機関の立ち合いの下、アメリカとターリバーンの代表者が肩を並べる形で締結されたドーハ合意は、ターリバーンの政治的ステイタスを一挙に押し上げた。

しかし、同合意では、アフガニスタン人同士の協議、並びに、恒久的な停戦に関しては、将来の課題として先送りされた。このことが、バイデン政権に不安要素を残すことになった。

無条件完全撤退を強行したバイデン政権（二〇二一年〜）

トランプ政権からドーハ合意を引き継いだバイデン政権は二〇二一年四月一四日、撤退期限を五月から九・一一事件から二〇周年の節目に当たる九月一一日に延長すると発表したが、この決断はターリバーンをさらに勢いづけた。ターリバーンは確かにアメリカ権益への攻撃を控えたが、紛争の構図は治安部隊とターリバーンとの一騎打ちのフェーズに移行した。バイデン大統領の決断は、ターリバーンが「撤退延期の場合には相応の対抗策を講じる」と警告を発していた中で、やむを得なかったともいえる。しかし結局のところ、バイデン大統領は特殊部隊や民間軍事会社なども一切残さずに、またターリバーンに何かしらの条件を付すこともなく一方的な完全撤退というカードを切ってしまった。

この時点で、実はトルコにおいてアフガニスタン和平に関する大規模な国際会合が計画されていた。この会合において、ターリバーンから何らかの譲歩を引き出し得たかどうかについては、今となってはわからない。しかし、少なくともアメリカがターリバーンから和平合意締結に向けたコミットメントを引き出してから完全撤退を表明することも可能だったのではないか。

近年、紛争における民間軍事会社の存在感は増しており、バイデン大統領がそれらを残すことで一定の軍事的抑止力になった可能性はある。二〇二一年初頭の時点で、アフガニスタンにおける民間軍事会社の従業員は正規兵を七対一で上回ると言われており、その業務も各種情報分析から兵站《へいたん》支援まで含まれる（ウィリアム・アーキン「アフガンの戦場から米兵が去った後、殺人マシンによる「永続戦争」が残る」）。加えて、戦略的要衝であるバグラム空軍基地も七月二日にはアメリカ軍から治安部隊に引き渡されるなど、大きな「力の真空」を生む拙速、かつ、全面的な撤退であった。支えを失った治安部隊は、確固たる目標を掲げる強靱なターリバーン兵を前に脆《もろ》くも崩れ去った。

3　ターリバーンの強靱性

ターリバーンの掲げる大義

ターリバーン台頭を理解するうえでは、イスラーム共和国政府、アメリカの対アフガニスタン政策に加えて、ターリバーンの政治・軍事認識を把握する必要があるだろう。一九九〇年代に「世直し運動」として始まったターリバーンであったが、ボン合意からは排除された。このため、二〇〇一年以降、ターリバーンは体制外勢力として、祖国が外国軍によって「占領」されており、その傀儡の体制が不法に統治しているとの認識の下で、武装抵抗活動を続けた。

体制外勢力としてターリバーンの掲げる目標は、①外国軍の放逐、②イスラーム的統治の実現、の二点に集約できる。ターリバーンが運営する広報・宣伝媒体『ジハードの声』ダリー語版に二〇一九年八月八日に掲載された、イード・アル＝アドハー(犠牲祭)に際する声明を見てみよう。この声明は、カタールにおいてアメリカ・ターリバーン間の交渉が進められている最中に出された。

信心深き国民よ、昨今、敵による空爆、夜襲作戦、人民の殺人や拷問、居宅・モスク・学校・病院の破壊が増加している。敵は混乱し恐れおののき、このような行動に出ているのみであり、全く恐るるに足らない。イスラーム首長国(筆者注：ターリバーンを指す)のムジャーヒディーンは、神のご加護と人民による支持により、軍事と政治の両面において勝利と成功の段階に至っている……(中略)……聖戦を行おうとも、交渉を進めようとも、どちらも目標はアフガニスタンにおける占領の終焉とイスラーム的統治の実現であることに変わりはない。

(Emārat-e Islāmī-e Afghānistān, *Sedā-e Jihād*, August 8, 2019)

もとより、覆いを一枚剝《は》げば、イスラーム共和国は、国土を破壊した張本人である元軍閥と国民が最も苦しんだ時代に海外に逃れたテクノクラートを中心に形成されたものである。その首班には、外部者が相応しいと考えたパシュトゥーン人の部族長であるカルザイが据えられた。多くの一般民衆にとって、ターリバーンの大義は支持し得るものだった。

加えて、駐留外国軍により頻発する民間人への誤爆や、アフガニスタンの文化にそぐわない夜襲攻撃などが、反外国人感情の醸成を助長した。二〇一一年四月には、アメリカのフロリダ州で発生したクルアーン焚書事件に激高した群衆が、北部マザーリシャリーフの国連施設を襲撃する事件が発生し、十数名が死亡した。同様に、二〇一二年二月にもバグラム空軍基地でアメリカ兵がクルアーンを焼却したことが抗議デモを引き起こした。外部者が横暴な態度でアフガニスタンを支配しようとすることを快く思わない人々の中には、ターリバーン支持にまわった者もいた。

民衆がターリバーンを支持した背景には、イスラーム共和国の腐敗の問題もあった。例えば、交通事故が発生した場合、警察の判断は賄賂によって決まる。その一方で、ターリバーンは双方の事情を聴取した後で、シャリーア(イスラーム法。語義は、水場へと至る道)に沿って判断をする。ターリバーンは腐敗しておらず、賄賂を要求することはない。民衆がどちらを支持するかは明らかであった(髙橋博史「最近のアフガニスタン情勢」)。

このようなエピソードがある。筆者は二〇〇九年八月から九月にかけて、アフガニスタンでラマダーン月の断食を経験した。当時、イスラーム共和国政府省庁アドバイザーを務めていた筆者は、カーブル市内にあるゲストハウスに宿泊していた。ムスリムにとっての義務である断食とはどういうものかを、アフガニスタンの人々とともに体験する必要があると考え、一緒にすることにしたのである。日の出前に多めの朝食を取り、日没まで食事と水分を一切口にしなかった。体が馴染むまで喉《のど》の渇きと空腹に耐えられない精神状況にもなった。しかし、アフガニスタン人の同僚や友人が一カ月間経験していることだ。同じ体験を通じて何かがわかるのではないかと考えていた。

ある日、筆者はゲストハウスの中庭でくつろいでいた。筆者の横には、国連機関で勤務する外国人数名が芝生の上に置いたテーブルで、ワインを飲み、つまみを食べながら談笑していた。外国人が酒を飲むことは構わないし、それは個人の自由だ。しかし、そのときは断食中であった。ムスリムの宿泊客と従業員は朝から何も飲み食いしていない。筆者は嫌な感じがした。ちょうど日没がやってきた。ムスリムたちは少し水を飲み、デーツ(ナツメヤシの実)をかじってからイフタール(断食明けの食事)前の礼拝を始めようとしていた。その中の一人が、筆者の横にいた外国人に「そこをどいてくれないか。集団で礼拝をしたいのだ」と言った。外国人が酒盛りをしていた場所は、毎日、ムスリムたちが集団礼拝していた場所だったのだ。外国人らは、仕方ないといった感じで場所を譲った。しかし、酒盛りをしていた場所で集団礼拝をすることは、ムスリムにとって快くなかっただろう。「ありがとう」と言いながらも、不満な様子を浮かべた従業員の一人の顔が今も脳裏を離れない。結局のところ、外国人が描く世界観と、アフガニスタン人が描く世界観との間には途方もない距離があった。

硬軟両戦術

二つの目標を達成するため、ターリバーンは政治攻勢と軍事攻勢を巧みに用いた硬軟両戦術を取った。これは、政治的解決に向けて対話の扉を開きつつ、軍事的圧力の手綱を緩めない戦略のことだ。

ターリバーンがアメリカに最初に接触を試みたのは、二〇〇一年一二月のことである。一二月五日、カルザイが暫定政権の首班に就任したその日、ターリバーンの代表団は降伏を表明する文書を持参して訪問した。戦争後の敗軍に対する和解工作は、長期的な安定に資する。カルザイは降伏を受け入れる方向に傾いていた。しかし、ブッシュ(子)政権は、既に敗走したターリバーンを体制内に取り込むことを拒否した。一部のターリバーン幹部は拘束され、グアンタナモ刑務所に送還された(『シークレット・ウォーズ(上)』一五〇頁)。

二回目に、ターリバーンがアメリカとの交渉に積極的に乗り出したのは、二〇〇九年のことであった。ターリバーン創始者で初代最高指導者であったムッラー・ウマルに通ずるタイブ・アーガーという人物を介して、アメリカはターリバーン指導部との接触を始めた。二〇〇四年頃から武装抵抗活動を次第に激化させたターリバーンは、二〇一〇年代に入ってから軍事攻勢をさらに活発化させていった。CIAの評価によれば、二〇一二年の時点で、ターリバーンは「アメリカと互角の戦いをみせて」おり、「ターリバーンを軍事的に打倒することができないのであれば、そして彼らの政権復帰を阻もうとするのであれば、現実的に実行可能な唯一の選択肢はなんらかのかたちで政治的解決を図る」より他にないとの認識が定着していた(『シークレット・ウォーズ(下)』三九一頁)。

この当時、ターリバーン指導部との和解工作が進められる一方で、中・下級司令官と末端兵士をアフガニスタン社会に再統合する試みも並行して進められた。筆者は二〇一一〜一三年まで在アフガニスタン日本国大使館政務班でこのプロジェクトを管理しており、ターリバーン司令官らから聞き取りをした。二〇一二年一〇月に西部ヘラート州を訪問した際、ターリバーンの中級司令官は「他のターリバーン・メンバーは、先に再統合に応じた我々がどのように扱われているかを見極めている」と筆者に語った。同人物は、ターリバーン指導者評議会(クエッタ・シューラー)の元メンバーで、同州の「影の州知事」も務めた人物であった。この意味では、ターリバーンの中にも長引く戦争に辟易《へきえき》とし、武器を置くことを選ぶ穏健な派閥もあったことは確かである。

紆余曲折を経て、二〇一三年六月一八日に、カタールの首都ドーハにターリバーン・カタール政治事務所が開設された。ターリバーンが、一九九〇年代に用いた「アフガニスタン・イスラーム首長国」の白地に黒文字が書かれた旗を使用したことにカルザイ大統領が激怒し、和平プロセスは、一度は頓挫した。しかし、このターリバーン・カタール政治事務所が、後のドーハ合意につながる交渉の舞台となった。

その後もターリバーンは、二〇一五年七月にパキスタンの景勝地マリーで、イスラーム共和国との和平交渉に臨んだ。ムッラー・ウマルの死が公表されたことで二回目の協議は無期延期となったが、その後も和平交渉への努力が続けられた。ただし、ターリバーンは、イスラーム共和国はアメリカの傀儡に過ぎないとの姿勢を堅持し、あくまでもアメリカとの交渉を優先する立場を一貫して示し続けた。

ターリバーンが政治的解決への対話の扉を開く中、二〇一七年の政権交代を経てアメリカもターリバーンとの交渉を重視する姿勢に転じた。アメリカ側はハリールザード特使が、ターリバーン側はバラーダル副指導者（二〇一〇年にパキスタンにより拘束されたが二〇一八年に釈放）が主導する形で、二〇一八年九月から交渉が始められた。累次の協議を経て、二〇二〇年二月にドーハ合意として結実することになった。その後、九月一二日には、ターリバーンとイスラーム共和国との直接交渉がドーハで始まったが、「交渉のための交渉」と呼べる膠着状況が続き、実質的な進展はほとんどみられなかった。そうして政権崩壊によって和平プロセスは崩壊した。

もとより、ターリバーンは国際的に承認された政権ではないため、優位なポジションを手中にいれるべく軍事的圧力の手を緩めることはなかった。ムッラー・ウマルの死後も、二代目指導者ムッラー・マンスール（二〇一六年五月にパキスタン領内でアメリカ軍の無人機攻撃により死亡）、および三代目指導者ハイバトゥッラー・アーホンドザーダの指導の下で、軍事部門がアフガニスタン国内での攻勢を強めた。

軍事部門の指揮を執ったのは、ムッラー・スィラージュッディーン・ハッカーニー副指導者（ハッカーニー・ネットワーク［HQN］指導者）とマウラウィー・ムハンマド・ヤクーブ副指導者兼軍事委員長（ムッラー・ウマルの息子）であった。彼らは「占領者」とみなす外国軍とその傀儡である治安部隊に対する自爆攻撃、複合攻撃、即席爆発装置、および内部攻撃等を通じてイスラーム共和国政権を脅かし、農村部での実効支配領域を着実に拡大した。

特に、二〇一四年末の駐留外国軍戦闘部隊撤収以降、治安悪化の傾向は鮮明となった。二〇一五年九月末には、北東部クンドゥーズ州都が一時ターリバーン側に陥落する事態が発生した。ドーハ合意を経て、時間の経過とともに、アメリカの後ろ盾を失うイスラーム共和国政権は不利な立場に追い込まれ、ターリバーンが優位な立場に躍り出た。

ターリバーンによる農村部からの大攻勢

二〇二一年四月一四日以降、ターリバーンは農村部から大攻勢を仕掛けた。五月五日～七月一四日の約二カ月半だけで、全国にある三四州四〇七郡の内、二七州にある一一八郡を陥落させた（筆者集計）。ターリバーンは民家に押し入り市民を「人間の盾」として利用しつつ、イスラーム共和国治安部隊に対するゲリラ戦を続けた。特に主要幹線道路と国境付近を優先的に制圧することで、治安部隊の補給路を分断した。また、九〇年代と異なり、北東部（タジク人多数地域）の攻略を急いだ点は大きな特徴だった。各地で一斉に猛攻が開始されたことから、ターリバーン軍事部門幹部が勝機と見て号令したことは疑いない。

一方の治安部隊は、アメリカから供与された戦闘機を用いた空爆や練度の高い特殊部隊の投入により抗戦を試みた。治安部隊要員数は約三〇万人で、一方のターリバーン兵力は多くとも一〇万人と見積もられていた。非対称戦にもかかわらず、ターリバーンの進軍を前に、治安部隊は押し込まれた。ターリバーンは、部族長老や内通者を通じ、命の保証と引き換えに無血開城を迫った。郡・州知事や国軍司令官は次々に投降し、庁舎や基地を明け渡した。

六月下旬以降、ドゥーストム元帥ら元軍閥勢力が武装蜂起し、治安部隊と連携して抵抗を試みた。しかし、アフガニスタンでは、「勝ち馬に乗る」政治文化が根強い。ターリバーンと正面で対峙して、元軍閥と治安部隊は、徹底抗戦より投降か逃亡を選んだ。八月六日に初めて州都が陥落すると、カーブル制圧まではまるでドミノ倒しのようだった。

パキスタン軍部の関与

このようにターリバーンは政治・軍事の両面でイスラーム共和国を凌駕する成果を得ていっ

たが、この要因としてターリバーンを背後から支援する諸外国の存在を無視することはできない。とりわけ、パキスタン軍部は一九九四年のターリバーン出現時から後援しており、現在まで密接な関係を維持していると考えられる。

アメリカが軍事介入した直後の二〇〇一年一一月一五日、北東部クンドゥーズ州近郊の北部同盟司令官たちは、パキスタン人とアラブ人の戦闘員を輸送するためにパキスタンの航空機が夜間に市内に飛来してきたと証言している。アメリカ情報機関高官は「ムシャラフ大統領は、パキスタンは自国の尊厳と価値ある人材を救う必要があるのだと主張した。航空機二機が幾度か出動した。航空機はパキスタン北部のチトラールとギルギットの空軍基地から飛び立ち、(アフガニスタンの)クンドゥーズ州に着陸した。そこで、駐機場で待っていた数百から千人ほどが避難した。その中には、ISI職員、ターリバーン司令官、ウズベキスタン・イスラーム運動戦闘員、AQ戦闘員が含まれていた」。つまり、パキスタンは、表向きは「対テロ戦争」に協力すると言いつつも、裏ではAQとターリバーン戦闘員の逃亡を手助けしていた(*Descent into Chaos*, p. 92)。

二者間の関係性は公然の秘密と呼べるものだが、近年ではパキスタン政府高官も認める発言をしている。二〇一六年三月一日にワシントンDCで開催された外交問題評議会の席で、アズイーズ・パキスタン国家安全保障・外務担当首相顧問は「我々はターリバーンに対していくらかの影響力を持っている、何故なら、彼らの指導部はパキスタン国内にあり、彼らは医療サービスなどを受けている他、家族も居住しているからだ」と認めた(*Dawn*, March 2, 2016)。

また、二〇一九年七月二三日、パキスタンのイムラーン・ハーン首相は米国平和研究所の演説で、「トランプ大統領との会談後、パキスタンに帰国したら、ターリバーンと会いアフガニスタン政府と交渉するよう働きかける」と発言し、ターリバーンに対し強い影響力を有することを暗に認めた。仮にインドと対峙した際に、自国の西側に兵站供給地を確保する「戦略的縦深」の観点から域内で影響力を行使してきたパキスタン軍部にとり、カーブル陥落はまさしく勝利と呼べる出来事となった。

第二章　ターリバーン出現の背景（一九九四～二〇〇一年）

カンダハールは昔より男色が盛んなところで、略奪、暴行を働く無軌道なムジャーヒディーン野戦指揮官たちは、道行く少年を誘拐し強姦した。その道徳的腐敗と退廃はソドムの再来とまでいわれた。……（中略）……飢えた人々が墓場を荒らして人肉をむさぼったり、食用油を補うため、埋葬されたばかりの遺体を掘り起こして死体から油を取って売買したりもしている。あるいは、人骨を秤にかけて飼料として売買した……（略）。

——髙橋博史「ターリバーン出現の背景と最高指導者ムッラー・ウマル」

1　無秩序状態にあった内戦時代

ソ連軍と共産主義者への抵抗

ターリバーン台頭を理解するには、一九九四年のターリバーン出現当時のアフガニスタン情勢を理解する必要がある。本章では、一九九四年〜二〇〇一年を中心として、ターリバーンの起源、思想的背景などから、ターリバーンの輪郭を明らかにする。

アフガニスタンが混迷の時代に入るのは、一九七〇年代のことである。決して裕福ではないが安定を保っていたザーヒル国王の治世は、一九七三年、ザーヒル国王の従兄弟であったダーウードによる無血クーデタによって終わりを迎えた。ダーウードは、国王が病気治療のためイタリアを訪問している最中の同年七月一七日、宮殿とカーブル市内を攻略した。ダーウードは国を共和制に移行し、アフガニスタン共和国成立を宣言した。

権力を掌握する過程で、ダーウードはイスラーム主義者の宗教集団を敵視し、苛烈《かれつ》な弾圧に乗り出した。一九七四年六月には、カーブルのムッラー（イスラーム知識人）二〇〇名が拘束された。後に対ソ連抵抗活動を主導することになるグルブッディーン・ヘクマティヤールとブルハーヌッディーン・ラッバーニーは、この頃パキスタンに逃れた。これに留まらず、ダーウードはソ連との距離を次第に置くようになり、共産主義者の粛清も始めた。

共産主義者とダーウード政権との関係が悪化する中、一九七八年四月二七日、共産主義政党である人民民主党の青年将校らが軍事クーデタを引き起こし、翌日、ダーウードとその一族は銃弾によって皆殺しにされた(サウル革命)。革命を成功させた共産主義者のタラキーを首班とする新政権、アフガニスタン民主共和国が成立した。

これ以降、アフガニスタンは一九七九年一二月のソ連軍侵攻を受けて、長きにわたる戦乱の時代に突入していくが、その構図はソ連軍と共産主義勢力による激しい弾圧と、それに抵抗するムジャーヒディーンとの間の激しい戦闘という形で進むことになった。

したがって、ターリバーン台頭を理解するに当たり、一九九四年に先立つ七〇年代から現在に至る歴史的展開を無視することはできない。アフガニスタンの分裂のプロセスは、七〇年代の動乱がムッラーと知識人とテクノクラートのほとんどを拭い去り、宗教や民族によってつながった抵抗勢力が台頭したことと、当初は救国のために立ち上がった彼ら自身が組織の拡大と権力掌握に目を向けたことから始まったのである。

タラキー政権に始まる共産主義勢力は、土地改革の断行、および女性の解放などの諸政策を打ち出したが、こうした方策はアフガニスタン農村部の伝統とは相容れないものであり強い反発を招いた。当時の共産主義政権は、政敵や罪のないイスラーム教徒を次々に粛清した。実際に、一九七九年に、共産主義政権は、王党派に近いといわれるナクシュバンディー教団（中央アジアに興ったスーフィー［イスラーム神秘主義者］たちが作った教団）の系譜を汲むムジャッディディー一族を逮捕し、その一族の男のほとんどを処刑した。八〇年代のソ連侵攻でも、ムッラーと知識人の多くが粛清され、一部は海外に逃れた。

こうした歴史・社会的背景の只中で、共産主義政権とそれを後押しするソ連に対する激しい抵抗運動が始められた。王制下で政府要職に就いており、共産主義政権下での弾圧を逃れたテクノクラートのカリミ氏は、当時の共産主義政権下で国民の虐殺を命じられたセイエド・ダーウード・タルン警察・憲兵隊総司令の拷問の様子を克明に記している。

タルンは好色な男でもあった。高貴な夫人たちを裸にしたうえで、髪の毛を縛って吊《つる》し、煮えたぎった油を性器に注入するというような拷問を行った。乳房を切り落としたり、鉄釘を繊細な部分に打ち込むというやり方もあった。夫たちもその場に連れ出され、配偶者に対する拷問を無理やり見させられた。夫たちは、顔を覆ったり目を閉じたりするや否や、尋問者に手足を切り落とされ、目を鋭利なナイフでえぐり取られた。こうしたやり方は、とくに聖職者や宗教指導者に対して、よく行われた。

（モハマッド・ハッサン・カリミ『危険の道』一三四頁）

当時、このような拷問は常態化しており、カーブル東部に位置するプレ・チャルヒー刑務所に投獄された政治犯らは、ブルドーザーで地中に掘られた穴に投げ込まれ生き埋めにされた。隠蔽《いんぺい》されたため正確な実態は明らかでないが、処刑された人数は数千名から数万名に及ぶといわれる。このような国民の虐殺と粛清は八〇年代も続き、ソ連軍による占領下の農村を焼き払うなどの苛烈な統治政策も合わさり、アフガニスタン国内ではこれに抵抗する機運が高まっていった。

ムジャーヒディーンの台頭と権力闘争

一九七九年一二月のソ連軍侵攻を受けて、アフガニスタン各地で武装蜂起が始まり、ウンマ（イスラーム共同体）が脅かされているとして世界各国から義勇兵がこれに加わった。ジハードの始まりである。全体としては、ソ連軍と共産主義勢力に対して、主にヘクマティヤール指導者率いるイスラーム党やラッバーニー指導者率いるイスラーム協会をはじめとするスンナ派七グループが、ＩＳＩを経由してアメリカのＣＩＡの支援を受け取りながら対抗する構図で推移した。激しい攻防を経て、ソ連軍は一九八九年二月に撤退した。

タラキー政権以降、数度の政権交代を経て、一九八五年からはナジーブッラーが共産主義政権の大統領を務めていたが、一九九一年一二月のソ連崩壊に伴う軍事援助の停止により弱体化した。一九九二年四月二八日、ムジャーヒディーン各派がペシャーワル合意に基づき、ムジャッディディー民族解放戦線指導者を首班とする連立政権（アフガニスタン・イスラーム国）を成立させた。国民は、これで混乱は去り、ようやく治安と秩序が回復されると平和への期待を抱いていた。

しかし、ムジャッディディーから権力を受け継いだラッバーニー大統領は、当初合意された任期満了日に権力を手放すことを拒否し、任期の延長を繰り返し主張した。ラッバーニー政権が権力に固執したのに対し、イスラーム党のヘクマティヤール首相派、イスラーム国民運動のドゥースト厶将軍らが不満を強め、戦闘が始まり、各地に拡大した。この内戦は、周辺国によるムジャーヒディーン各派への支援によって代理戦争の様相を呈しながらさらに激化した。

内戦時代におけるアフガニスタン国内は、実効支配勢力が存在せず、法の支配が及ばない無秩序状態に陥った。ムジャーヒディーン兵士は匪賊と化し、暴行、略奪、および誘拐を繰り返し、中には「通行税」と称して無辜の市民から金品を巻き上げる者も出現した。カーブルでは、ヘクマティヤール首相と、イスラーム協会のマスード司令官との間での戦闘などにより市街地は破壊されつくし、カーブル市民三万人が殺され、一〇万人が負傷したとも記録されている。各地は軍閥と化したムジャーヒディーン野戦指揮官によって支配され、止むことのない戦闘が続き、同時に多くの市民がパキスタンに避難した。

図6　ムジャーヒディーン兵士

南部カンダハール州では、地元に戻ったムジャーヒディーン兵士が非道を働き、治安が著しく悪化した。もとより男色が盛んな同地では、略奪や暴行を働くムジャーヒディーン野戦指揮官たちが道行く少年を誘拐していたばかりでなく、埋葬されたばかりの遺体を掘り起こして死体から油を取って売買したり、人骨を秤《はかり》にかけて飼料として売るものまで現れた（髙橋博史「ターリバーン出現の背景と最高指導者ムッラー・ウマル」七頁）。

人権団体アムネスティ・インターナショナルは、一九九四年の報告書で以下のような状況を報告している。

強姦を含めた拷問が、政府管理下の拘置所やムジャーヒディーン各派による施設で常態化していた。被害者には、政敵やその家族、並びに、無関係の市民も含まれた。(一九九四年)五月に受け取った報告書によれば、カーブルに収監された精神障害を抱えた女性の囚人は、過去数カ月にわたってムジャーヒディーン各派によって繰り返し強姦された。

(*Amnesty International Report 1994-Afghanistan*)

血で血を洗う激しい戦闘が続き、多くの国民が難民として隣国に逃れ、国に残った人々の生命と財産は日常的に脅かされた。このような混迷を深める無秩序状態の中、一九九四年に新勢力ターリバーンが姿を現した。

2 「世直し運動」の始まり

ターリバーンの起源

ムッラー・ウマルに率いられる、カンダハールやパキスタン南西部の街クエッタにあるマドラサ(イスラーム神学校)で学んでいたターリブ(神学生の意。語義は、道を求める者)らは、治安を回復し、シャリーアに基づき秩序を取り戻すべきとの義憤に駆られていた。ターリバーンとは、ターリブの現地語での複数形である。彼らの多くは、戦争とともに育った子どもたちで、ムジャーヒディーンとして対ソ連戦を戦った者たちだった。ムッラー・ウマルは片目を失っていたが、ターリバーン創設当時の構成員の多くも片足を失ったり、片目を失ったりしていた。つまり、これまでソ連軍と共産主義勢力による虐殺の対象となっていた人々だった。

諸説あるが、ターリバーンの活動の起源は、一九九四年春の武装蜂起だといわれる。カンダハールにある軍閥司令官が、一〇代の少女二名を誘拐し、野営地に連れ込み繰り返し強姦したとの噂がムッラー・ウマルらにもたらされた。ムッラー・ウマルは自動小銃を携行した約三〇名のターリブを引き連れ、この軍閥司令官の討伐に向かった。一団は軍閥司令官の野営地を急襲し、少女を解放したうえ、この軍閥司令官を処刑し戦車から死体を吊《つ》るした。

その後も、ターリバーンは民衆の要望に応じて、悪事を働く軍閥司令官の成敗に出動するようになった。暗黒の時代に破邪顕正を体現するターリバーンに、長引く戦乱に辟易とする民衆は拍手喝采を送った。

図7　ムッラー・ウマルの肖像

ターリバーンによる進撃が全国に拡大する起点になったのは、その後の一九九四年一〇月末のトラック襲撃事件であった。当時、パキスタンのベーナズィール・ブットー首相、およびバーバル内相は、パキスタンからアフガニスタンを経由して中央アジアに通じる陸上交易路を開拓しようと画策していた。そうした中、同年一〇月二九日に、バーバル内相は、報道機関に情報を提供しつつ、生活用品を積載したトラック三〇台をパキスタンのクエッタからトルクメニスタンに発進させた。しかし、一一月初旬、トラックはアフガニスタンに入境した後に山賊に襲撃された。

　この事件を受けて、ターリブが決起して山賊を撃退し、その名を轟《とどろ》かせることになった。その後、数日以内に、ムッラー・ウマル率いるターリバーンはカンダハール州を制圧し、一二月にはアフガニスタン南部を掌握するに至った。

ムッラー・ウマルの素性

『ジハードの声』に掲載される伝記によれば、ムッラー・ウマルはヒジュラ太陽暦一三三九年（西暦一九六〇年）に、カンダハール州ハークレーズ郡チャー・ヘマット村の信心深い家に生まれた。

幼少期に同州の北に位置するウルズガーン州デラーウード村に移り住み、マドラサで初等宗教教育を受け始めた。その後もイスラーム諸学の研鑽を積むべく高等宗教学校に進もうとしていたが、一九七八年のサウル革命勃発を受けて、共産主義者に対するジハードに身を投じることとなった。なお、ムッラー・ウマルはパシュトゥーン人であり、ホータク族に属する。

同伝記は、対ソ連戦時代のムッラー・ウマルが、ナビー・ムハンマディー率いるイスラーム革命運動に参加し、カンダハール州内を主戦場にして激しい抵抗活動に従事したと伝えている。一九九二年のムジャーヒディーン連立政権成立後は、武器を置き、カンダハール州マイワンド郡のサンゲ・ヒサール村にモスクを開設し、再びイスラームに没頭する生活を送った。しかし、軍閥らの蛮行を耳にするにしたがい、仲間とともに救国のために立ち上がる決意をしたという。なお、ムッラー・ウマルの生い立ちと経歴に関しては資料が少なく、正確なことは明らかになっていない。彼の出生地や師事した人物らに関して、資料によっては、この伝記と異なる表記がされる場合があることには留意が要る。

ムッラー・ウマルはイスラームの知識があまり豊富ではなく、集団の中で目立つ存在ではなかった。しかし、ターリバーン運動が広がりを見せる過程で、指導者を決める必要性が生じた際、他の強力な候補者を選ぶことで生じ得る内部の対立を避けるために白羽の矢が立ったという。

その後、ムッラー・ウマルの伝説性を高めた逸話の一つに夢見がある。ある日、ムッラー・ウマルが寝ている時、預言者ムハンマドが現れる夢を見た。預言者は、混乱した世の中を救うため、ムッラー・ウマルに仲間とともに立ち上がるよう告げたという。この逸話の真偽は明らかでない。しかし、事実がどうであれ、ターリバーンに加わった者らがその逸話を信じたことが重要である。結果として、その後の全国制覇に向かう過程において、この逸話が、ターリバーンの正統性を高めることに一役買った(「ターリバーン出現の背景と最高指導者ムッラー・ウマル」八〜九頁)。

全国制覇に向けた軍事攻勢の展開

ターリバーンの登場により、アフガニスタン紛争の構図は、ムジャーヒディーン各派による内戦から、北部を支配するドゥーストム将軍率いる国民運動、首都カーブルを中心とする地方を支配するラッバーニー大統領派勢力、および南部と南東部を支配するターリバーンによる三つ巴の争いに移行した。

表舞台に姿を現したターリバーンは、一九九五年に入り急速に勢力を伸張した。ターリバーンは南部を掌握後、北上して首都カーブルへ向かい、同年二月にはカーブル近郊のワルダック州を制圧した。三月には、シーア派の重鎮であるイスラーム統一党アブドゥルアリー・マザーリー師を拘束し、護送中に殺害した。これによって、カーブルをめぐる軍事情勢は、ターリバーンとラッバーニー大統領派による全面対決の様相を呈した。

四月、ターリバーンのムッラー・ウマルがアミール・アル゠ムウミニーン（信徒たちの長）に就いたことが明らかにされた。また、九月には、ターリバーンはラッバーニー大統領派で西部の要衝ヘラートを護るイスマーイール・ハーン野戦指揮官を撃退し、ヘラートを陥落させた。

一時膠着状態が続いたものの、一九九六年九月一一日、ターリバーンは東部の要衝ジャララバードを、ほとんど抵抗を受けることなく無血開城させた。隣接するクナル州、およびラグマーン州も次々攻略すると、ターリバーンはカーブルに向け進軍した。

ラッバーニー大統領派で部隊を統括するマスード司令官は徹底抗戦の姿勢を見せていたが、大都市カーブルにおける市街戦は多くの市民の巻き添え被害を招く恐れがあることから、同年九月二六日にカーブルから北方のパンジシール渓谷に撤退することを決めた。これを受けて、翌九月二七日、ターリバーンはカーブルに入城した。一発の銃声も聞かれない無血開城だった。

同日、ターリバーンは、アフガニスタン・イスラーム国家の樹立を宣言した。また、ターリバーンは、一九九二年四月のムジャーヒディーン連立政権時に亡命を企図したが失敗して国連事務所に避難していたナジーブッラー元大統領を強制連行し、処刑した。同大統領の死体はカーブルにあるアリアナ交差点の信号機から、弟の死体とともに見せしめのために吊るされた。共産主義者への敵対心を表し、二人の口とポケットにはアフガニスタン貨幣がねじ込まれていたという。

全国制覇を目指すターリバーンは、敵対勢力の支配地であるアフガニスタン北部に対する攻撃を行った。北部の要衝マザーリシャリーフは、ドゥーストム将軍率いる国民運動によって護られていた。一九九七年五月と九月の二度にわたり、ターリバーンはマザーリシャリーフ攻略を企てた。しかし、これらの攻撃は、いずれも失敗に終わった。この激しい戦闘の過程では、双方に多くの死傷者が生じた他、数千名の戦闘員が捕虜として拘束された。

同年一〇月、ターリバーンは、国名をアフガニスタン・イスラーム国からアフガニスタン・イスラーム首長国に変更した。同時に、国内軍事情勢の面では、徐々に態勢を整えたターリバーンが、一九九八年八月に再びマザーリシャリーフに攻勢を仕掛け、遂に同市を陥落させた。これによって、ラッバーニー大統領、ヘクマティヤール首相、およびドゥーストム将軍らは国外に避難し、マスード司令官が天然の要塞パンジシール渓谷から僅《わず》かな抵抗を続ける状況となり、国土の九割以上をターリバーンが支配するに至った。

ターリバーンの思想的背景

ターリバーン運動の根幹を成す思想の源流は、アフガニスタン難民が多く住むパキスタン西部の部族地域に数多く存在するデーオバンド派のマドラサに求められる。デーオバンド派とは、一九世紀後半に北インドのウッタル・プラデーシュ州デーオバンドから勃興した、イスラーム教のスンナ派ハナフィー学派内の改革運動である。

デーオバンド派勃興の背景には、一九世紀後半のムガル帝国崩壊後の南西アジアにおけるイスラームが瀕した危機があり、このため同派はシャリーアに従う、より純粋かつ正統なイスラームを復古させようとした。一九四七年のパキスタン分離独立を目前に、現パキスタン領内にもデーオバンド派の流れを汲むイスラーム・ウラマー協会が設立(一九四五年)され、一九四七年に、パキスタン北西部ハイバル・パフトゥーンフワー州(元北西辺境州)のペシャーワル近郊にハッカーニヤー学院が設立された。こうして、パキスタン国内でもデーオバンド派のネットワークが広がりを見せた。

ターリバーンの兵員の供給源の一つは、アフガニスタン南部のみならず、パキスタンに逃れたアフガニスタン人難民であり、デーオバンド派のマドラサはその徴兵所として重要な役割を担った。

また、ターリバーン第一期「政権」幹部の多くは、ハッカーニヤー学院で学んでいた。ハッカーニヤー学院の校長であったサミーウル・ハックは、ムッラー・ウマルに同校史上初となる名誉卒業証を授与するなど親しい関係にあったという。ハッカーニヤー学院の母体であるイスラーム・ウラマー協会の党首ファズルル・ラフマーンは、ブットー率いる与党パキスタン人民党と連立を組み、ターリバーン支援のために政治的影響力を行使した(川端清隆『アフガニスタン』六七頁）。

パキスタン軍部は、それまで支援していたヘクマティヤール首相派が劣勢になると、ターリバーンを支援する方向に舵を切った。軍部に加えて、イスラーム・ウラマー協会や内務省も、こうしたデーオバンド派のマドラサの活動を支援したといわれる。

もっとも、デーオバンド派の思想そのものが過激思想というわけではなく、またターリバーンの唯一の行動規範というわけではない。

ターリバーンの思想的背景を理解するには、パキスタンにおけるズィア・ウル・ハック政権以降のイスラーム化政策とデーオバンド派をめぐる変動を理解する必要がある。一九七七年に軍事クーデタを経て権力を掌握した同政権は、政権の正統性を獲得すべく、シャリーア法廷の設置や、ハッド刑の導入など、急進的なイスラーム化政策を取った。ハッド刑とは、クルアーンやハディース（預言者ムハンマドの言行録）を典拠として刑の量が定められた身体刑を指す。これに加えて、一九七九年のソ連軍アフガニスタン侵攻を受けて、パキスタンは、アメリカをはじめとする諸外国からムジャーヒディーン各派への資源経由地と化した。

つまり、ターリバーンによる様々な統治政策（例えば女性の教育・就労の制限、偶像崇拝や娯楽の禁止など）は、こうしたパキスタンにおけるイスラーム化の展開やソ連軍侵攻を受けたアフガニスタンでのジハードの影響を受けているということだ。また、パシュトゥーン人の部族慣習法パシュトゥーン・ワリーの影響も色濃い点には留意が要る(第三章で後述)。

統治方針と実態

ターリバーン第一期「政権」は、軍閥と化したムジャーヒディーン勢力が市街を破壊し、行政機構が麻痺し、一般民衆が人道危機に陥る状況下、「このような陰鬱とした状況に終止符を打つこと」を目標に掲げていた。一九九八年に、ターリバーンが公式ウェブサイト英語版に掲げた、これを達成させるための統治方針は以下のようなものである。

- シャリーアに基づく完全なる治安の回復
- 国連やイスラーム協力機構(OIC)が主導する和平交渉への協力
- シャリーアに反しない範囲内での、国連が定める規則や原則の遵守
- 諸外国との友好関係の維持
- イスラーム国家の樹立、イスラームに反する条項を除く一九六四年憲法の適用
- 人権と自由の保護

- 女性の安全、尊厳、自由の回復
- ヒジャーブ、およびヴェールの着用
- イスラームの教えに基づく、女性に対する教育機会の提供
- シャリーアに基づく代表政府の樹立
- 国連機関とＮＧＯへの完全なる協力
- 非合法薬物の製造・使用の禁止
- テロ行為への反対
- 戦争で荒廃した国家の再建

（IEA, *Accomplishment of the Taleban Islamic Movement and its Aims*）

ただ、このように公に示された統治方針と異なり、ターリバーンは周囲の淡い期待をよそに、独自の解釈に基づく非常に厳しい戒律を民衆に強制した。

ターリバーンは、カーブル制圧後、女性の就労の禁止、女子学校の閉鎖、女性へのヴェールの着用の強制などを次々に打ち出した。この過程では、戦争寡婦に対してすら就労を禁止したた他、マハラム宗教令を発布し、父親や夫など男の近親者の付き添いがなければ女性は外出でき

ないようにした。本来イスラーム教では、知識の探求は全てのムスリムにとっての義務であると解釈されており、教育機会に関して男女の区別をしない。

また、マザーリシャリーフ制圧後、ウズベク人やハザーラ人の兵士や住民に対し、大量殺人を含む、容赦ない報復を行った。特に、シーア派教徒であるハザーラ人に対する苛烈な弾圧は虐殺とも呼べるものであった。

また、一九九六年のカーブル制圧の過程で発生した軍事攻勢は熾烈《しれつ》を極めた。同年六月二六日に発生した、ターリバーンによるカーブル市街地に向けた無差別ロケット弾攻撃は三〇〇発を越え、この日だけで六四人の市民を殺害し、一三八人を負傷させた。結局のところ、シャリーアに基づく統治で治安の回復を標榜したターリバーンであったが、彼らが戦場で行ったことは国土を破壊したムジャーヒディーン各派と大差はなかった(『アフガニスタン』七五頁)。

この他、男性には髭を剃ることを禁止したり、音楽や踊りや凧揚げなどの娯楽や、写真を飾ることなどを禁じた。偶像崇拝の禁止の観点から、ターリバーンは中央高地バーミヤーンにある大仏の破壊を命じた。このことは、仏教国から激しい批判を招き、ターリバーンを孤立させる一因となった。また、AQの首班ビン・ラーディンの身柄引き渡し要求を拒否するなど、国際テロ組織との関係も断絶しなかった。

ターリバーン台頭の理由を当時の状況から説明できるとしても、これらの多くは擁護できるものではなかった。

3　諸外国との関係

パキスタン軍部による「戦略的縦深」

既に述べたように、ターリバーン運動は、長引く戦乱に辟易とする民衆の心情的背景をもとに台頭した土着の政治運動ではあるが、その活動を可能にした諸外国との関係を無視することはできない。

イスラーム化を進めるパキスタンのズィア・ウル・ハック政権は、CIAからムジャーヒディーンへの支援を経由することで国内基盤を固めていった。パキスタン軍部は、ヘクマティヤール率いるイスラーム党を中心に、スンナ派七大勢力をヒト・モノ・カネ等の資源を供与することで後援した。

この背景には、一九四七年にインドから独立したパキスタンが、インドとの正面作戦に入った際、自国の西側に兵站供給地を確保する「戦略的縦深」の観点から、アフガニスタンに親パキスタン勢力を育成・確保する必要に迫られていることがあった。

九〇年代にアフガニスタンがムジャーヒディーン各派による権力闘争に突入する中で、パキスタンはアフガニスタン国内で勢力を失いつつあったヘクマティヤールから、ターリバーン支援に乗り換えた。九〇年代後半、ターリバーンがマスード司令官をパンジシール渓谷に追い詰めた際、パキスタン軍航空機がターリバーンを加勢したともいわれる。

サウジアラビア、およびアラブ首長国連邦(UAE)は、パキスタンとともにターリバーンを国家承認するなど政治的後ろ盾となった。ターリバーンが台頭した要因は、諸外国からの支援という文脈からも理解される必要がある。

周辺国による介入と代理戦争

その一方で、反ターリバーンのために結集した北部同盟勢力は、この他の諸外国からの支援を受けながら抵抗した。この支援は、民族、宗派、利害などの様々な観点から行われた。

例えば、ターリバーンの伸長、並びに、パキスタンの影響力拡大を警戒するインドは、タジキスタンの首都ドゥシャンベを経由してマスード司令官率いるイスラーム協会に、カラシニコフ自動小銃、大砲、迫撃砲、越冬用衣類、戦闘用糧食、医薬品、および現金などを支援した。

インドは、イスラーム協会が所持するヘリコプターの補修、メンテナンスも行った他、戦闘で負傷した兵士の空路での国外退避も支援した（*The Hindu*, September 1, 2019）。この背景に、タジク同胞を支援するタジキスタンの許可があったことは言うまでもない。

また、ロシアも、ターリバーンの勢力拡大とそれに伴う国際テロ組織の中央アジアへの進出を警戒し、北部同盟を支援した。イランは、同じシーア派のマザーリー師とカリーム・ハリーリー（ハザーラ人）が率いたイスラーム統一党を後援した。この他にも、近隣のウズベキスタンやトルクメニスタンも、アフガニスタン情勢が自国に及ぼす影響を念頭に代理勢力を支援したり、北部同盟の指導者らが国外に亡命した際には受け入れ先になったりした。例えば、トルコはウズベク人のドゥーストム将軍の亡命を受け入れるなどの形で関与した。

つまり、アフガニスタンの紛争は、純粋な内戦ではなく、周辺国の介入による代理戦争としての側面を有していた。

ターリバーンの変節

「陰鬱とした状況に終止符を打つ」ことを大義に掲げ、瞬く間に実効支配領域を拡張したターリバーンであったが、一九九九年頃になるとムッラー・ウマルがビン・ラーディンへの思想的依存を深め、また、組織としても変節を始めた。

もとよりターリバーンが台頭できたのは、ムジャーヒディーン各派による内戦に辟易とした国民の心情による部分が大きく、ターリバーンが確固たる国内政治基盤を有していたわけではなかった。このため、ターリバーンとしては、厳格なシャリーアの適用という方策によって自らの正統性を証明する以外になかった。こうした状況下、アラブからやって来たイスラーム過激派勢力の思想的な支えと軍事力はターリバーンに必要不可欠なものと映った。

一九九八年以降、ターリバーンと北部同盟との間の戦闘がターリバーン優位で膠着すると、ターリバーンは深刻な兵力不足に陥った。パキスタンのマドラサで学ぶターリブに加えて、ビン・ラーディンが調達するエジプトなどアラブ世界からの戦闘員は、ターリバーンの大きな支えとなった。その総数は八〇〇〇~二〇〇〇〇人と推定される(『アフガニスタン』一六八頁)。

ターリバーン指揮下では、アラブとコーカサス系の戦闘員の存在が常態化し、ターリバーンとAQは共闘した。また、二〇〇〇年一月、ムッラー・ウマルは、ロシアからの分離・独立をもくろむチェチェンを国家承認し、チェチェン大使館の開設を発表した。

さらには、当時、ムッラー・ウマルは中央アジアへの進攻を真剣に考えていたようである。策謀者の計略に嵌ったムッラー・ウマル率いるターリバーンは当初描いた軌道から大きく道を逸れ、「世直し運動」として台頭したターリバーンとは全くの別物となった。

　このことが、二〇〇一年九月九日のマスード司令官暗殺事件、並びに、その二日後に発生した九・一一事件につながってゆく。

第三章　伝統的な部族社会アフガニスタン（一七四七〜一九九四年）

nāmūs（名誉）という語がある。これは国家や民族についても使われるが、一般には女性のそれを意味する。他人の妻や娘についていささかでも関心を示すことは、女の nāmūs を傷つけるものだとされる。女の容貌や服装を褒めるのも nāmūs の侵害で、男性は女性の名誉を守るために生命をもかける。「奥さんの御機嫌いかがですか」という挨拶は、パシュトゥン語にはない。

——勝藤猛「パシュトゥン族の道徳と慣習」

1　ドゥッラーニー朝における統治

本章では、アフガニスタンの社会や慣習や文化と、ターリバーンの言動との連続性と逸脱を検討する。ターリバーンは、何もないところから突如として生まれた根無し草の運動ではない。ターリバーンによる言動を理解するためには、アフガニスタン社会が長らく内包してきた保守的な特質を理解する必要がある。ドゥッラーニー朝における統治、その当時の「カーブルの王国」と地方の部族統治との関係、および部族慣習法パシュトゥーン・ワリーとの整合性などから、ターリバーン台頭の要因を歴史的尺度から明らかにしたい。

アフガニスタンの土地と人々

さて、アフガニスタン(アフガンの土地の意)は、中東、中央アジア、および南西アジアの結節点に位置する約六五万平方キロメートル(日本の約一・七倍)の国土を有する陸封国だ。北はタジキスタン、ウズベキスタン、トルクメニスタンに隣接し、東はパキスタン、西はイランに向き合い、わずかではあるが北東部が中国と接する。急峻なヒンドゥー・クシュ山脈(インド人殺しの意)が国土の中央部に横たわり、東方からの外部者の侵入を困難にしている。

図8　ヒンドゥー・クシュ山脈(2010年12月8日)

国勢調査こそ行われたことがないものの、イスラーム共和国が二〇二一年四月に発行した統計資料によると、人口は約三二九〇万人で、首都カーブルに約五〇〇万人が居住する。約七割の人口が農村部に居住し、約一五〇万人はクーチーと呼ばれる遊牧民である。

カーブルは北緯三四度三〇分(大阪あたり)に位置し、海抜一八〇〇メートルの高地にある。「カーブルに黄金はなくてもいいが、雪はなくてはならぬ」との諺《ことわざ》があるとおり、例年冬季に降雪し、周囲を取り囲むパグマーン山脈が天然の水のタンクの役目を果たす。

一方で、南東部のスレイマン山脈地方にはインド洋のモンスーンの影響が及んでおり、東部のヌーリスターン州やクナル州などには森林が発達し、良質の建築木材や燃料などとして用いられる。また、南部ヘルマンド川下流地方は毎年夏季に気温が四〇度を越える。もっとも、気温を決める重要な要素は緯度ではなく高度であり、カーブル北方にあるサラング峠を越え北部の要衝であるマザーリシャリーフ（海抜三六〇メートル）に到達すると、カーブルよりも気温が高いと肌身をもって感じられることが多い。

アフガニスタンは多民族国家である。最大民族はアーリア系のパシュトゥーン人で、人口のおよそ四〇％を占めるといわれる。これに次いで、イラン系のタジク人、チンギス・ハーンの遠征でアフガニスタンに一〇〇〇人が残されたとの伝承があるモンゴル系のハザーラ人（ペルシャ語で「ハザール」は一〇〇〇の意）、テュルク系のウズベク人、勇猛で知られるトルクメン人が多く暮らす。

この他にも、人類学者のルイス・デュプリーは一九七三年の著書『Afghanistan』の中で、ファールスィーワーン、キジルバーシュ、アイマーク、モゴル、キルギス、パミーリー、バローチ、ブラーフーイー、ヌーリスターニー、クーヒスターニー、グジャル、ジャト・グジ、アラブ、ヒンドゥー、シーク、ユダヤなどもアフガニスタンに暮らす民族として挙げている。

ドゥッラーニー朝成立以後、原則的にはパシュトゥーン人が為政者として君臨し、国民国家を形成する過程でパシュトゥーン化政策を進めた。狭義の定義において、アフガン人とはパシュトゥーン人のことを指す。もっとも、近年では、アフガニスタンで暮らす全ての民族をアフガニスタン人だとする広義の定義が定着している。公用語には、パシュトゥーン人が母語とするパシュトゥー語と、ペルシャ語の方言であるダリー語の二つがある。

国民のほとんどはイスラーム教を信仰し、シーア派のハザーラ人を除くと、その多くはスンナ派である。とはいえ、アフガニスタンにおけるイスラーム教の潮流にはいくつかある。

共産主義者に対して武装蜂起したムジャーヒディーン各派は、エジプトのハサン・アル＝バンナーやサイイド・クトゥブなどの、社会改革を求めイスラーム国家の樹立を目指すムスリム同胞団の思想に大きな影響を受けた人々であった。ザーヒル国王時代に、エジプトのアズハル大学に留学したグラム・ムハンマド・ニヤーズィーをはじめとするアフガニスタン人留学生らが一九五〇年代にカーブル大学でイスラームに関する研究を始め、一九七一年にはラッバーニーを会長とするイスラーム協会が設立された。当時、のちにアフガニスタン解放イスラーム連合を率いるアブドゥラブラスール・サヤーフが副会長を務め、ヘクマティヤールも参画するなどしていた。彼らがのちに独立し、ジハードを率いてゆくことになる。

また、先述のパキスタン北西部にあるハッカーニヤー学院を中心としてデーオバンド派の思想がアフガニスタンに強い影響を及ぼした他、対ソ連戦期にアラブからの義勇兵の合流に合わせて様々な考えも流入した。

また、遊牧を含む農畜産業を主な生業とする同国は、人々はよそ者への警戒心を強く持つ一方で、客人に対しては丁重にもてなす独自の部族文化を育んできた。

一九世紀の大英帝国によるインド統治時代、インドの北西方面に位置するアフガニスタンは、そこで暮らす人々がイギリス軍による数度の侵入に対して勇猛果敢に抵抗したことで、その勇武を広く知らしめた。イギリス軍は、南下の機会をうかがうロシア帝国を食い止めるべく、第一次アフガン戦争(一八三九~一八四二年)、第二次アフガン戦争(一八七八~一八八一年)、そして第三次アフガン戦争(一九一九年)の三度にわたって侵攻した。

これに対して、アフガニスタンの諸部族は「異教徒とのジハード」に立ち上がり、人員や装備の面では劣勢にあったものの幾度も撃退した。第一次アフガン戦争において、イギリス・インド軍戦闘員は撤退途上のカーブルからジャララバードに向かう渓谷において襲撃に遭いほぼ全滅し、軍医一名のみが生還できたとの記録が残っている。ついには、大英帝国はアフガニスタンを植民地化することは諦めて、保護国とすることでロシア帝国との間の緩衝地帯にすることにした(一九一九年にアフガニスタンは独立を果たした)。

そうしたアフガニスタンの社会の特徴を極言すれば、男子の勇敢さと名誉を重んじ、家父長制を基盤とする極めて保守的な男性優位社会だといえる。これは、外部者による良い・悪いといった価値判断とは全く別に、アフガニスタン社会に今日でも存在する厳然たる事実である。歴史を振り返れば、女性の解放をはじめとする急進的な社会変革は、常に社会の保守層からの激しい反発を招いてきた。

「カーブルの王国」と部族社会

それでは、ターリバーンの台頭を可能なものとしたアフガニスタンの保守的な社会とは具体的にどのようなものであろうか。それを知るためには、まず、アフガニスタンが歴史的にどのような形で統治されてきたかを理解する必要がある。

現在のアフガニスタンの原型となったドゥッラーニー朝は、一七四七年にアフマド・シャー・アブダーリー(のちにドゥッラーニーに改称)によって建国された。

当時、国王は近隣地域から富を略奪し、部族長に配分して忠誠を得る形での支配を行い、征服した領土ですら直接統治はしておらず、ほとんどは部族の内部統治に依っていた。国王の支配する領域は「カーブルの王国」と認識されており、アフガニスタン全土を一つの統合体とする認識は一般的ではなかった。

なかでも、最大民族パシュトゥーン人の各部族勢力が地方豪族のように各管轄地域を統治しており、国王はそうした部族勢力が有する地位や権限を承認する代わりに、部族勢力から金銭や贈り物の授受などによる人的交流を通じて自らを維持するゆるやかな主従関係を築いていた（登利谷正人『近代アフガニスタンの国家形成』一五頁）。

当時の国王と諸部族の関係性については、一八〇九年に東インド会社代表として大英帝国からシュジャー国王（在位一八〇三〜一八〇九年）に謁見するため、アフガニスタンに派遣されたマウントスチュアート・エルフィンストン卿の著作『カーブル王国の記録』で語られている。

それによれば、国王は首都周辺の都市部を直接的に統治しており徴税することができた一方で、地方の部族の内情には干渉せず、金銭や兵力の供出を求めはしなかった。各部族は国王に忠誠を誓う一方で、国王を非常に限られた権限しか持たない君主とみなしていた。エルフィンストン卿の著作のタイトルに「カーブルの王国」の表記が使われている点も、当時の一般的な認識を表しているといえる（Elphinstone, *An Account of the Kingdom of Caubul*, pp. 172–173）。

パシュトゥーン人の中にも、いくつかの氏族がある。パシュトゥーン人は、民族の父と言われるカイス・アブドゥルラシード（五七五〜六六一年）の三人の息子ともう一つの別の集団から派生し、ドゥッラーニー氏族、ギルザイ氏族、ガルガシュト氏族、およびカルラニー氏族の四つに分類される。この中でも、ドゥッラーニー氏族とギルザイ氏族の二つが、歴史的な因縁を背景としてライバル関係にある、有力な氏族である。

一八世紀、ギルザイ氏族のホータク族のミール・ワイス・ホータキーは短期間ではあるが、現在のイランとアフガニスタンにまたがる地域を治めることに成功した。しかし、ナーディル・シャー・アフシャール（在位一七三六～一七四七年）の台頭により、ホータク族は駆逐された。それ以降、アフガニスタン建国の父であるアフマド・シャー・ドゥッラーニーの登場を経て、歴代のアフガニスタン王家はドゥッラーニー氏族から輩出されることになった。当時のギルザイ氏族との確執は、現在に至っても消えていない。

国民国家形成に向けた動き

もっとも、アブドゥルラフマーン国王（在位一八八〇～一九〇一年）による武力を通じた国土統一にともない、国王と部族勢力の関係も徐々に変化した。

同時代、「内的帝国主義」とも評される強い指導力でアフガニスタン国内の平定を図ったアブドゥルラフマーン国王は、数度にわたる交戦の末に敵対勢力を撃退し、結果として全土の支配権を確立した。当時、カーフィリスターン（異教徒の地の意）と呼ばれた東部の英領インドとの国境地域を制圧し、その住民をムスリムに改宗したうえでヌーリスターン（光の地の意）に改名したというのは有名な話である。また、謀反を恐れたアブドゥルラフマーン国王は、敵対するパシュトゥーン人勢力を南部や南東部から、北部や西部に強制移住させることでその芽を摘む戦略も取った。一八九一年から約二年間にわたって行われた、アブドゥルラフマーン国王とハザーラ人の戦いは、国王の支配を揺るがすほどの激戦となるが、同時にハザーラ人は壊滅的な打撃を被った。

その後、第二次アフガン戦争を経て、英国がアブドゥルラフマーン国王をアミール(首長)として認め、アフガニスタンと英領インドの管轄権が定められるようになった。これによって、中央政府の力は相対的に増大し、一方のパシュトゥーン諸部族の権限は縮小することとなった。

こうした国内の動きと並行して、ロシア帝国と英領インドの角逐《かくちく》、いわゆるグレート・ゲームの中で、国境線の確立も徐々に進んだ。アフガニスタンと、現在のトルクメニスタン、ウズベキスタン、タジキスタンとの国境線は一八七三年、一八八五年、一八九五年の三度にわたる協定締結によって確定した。また、イランとの国境についても、一八五七年のパリ条約によってその原型が形成された。

そして、現在のアフガニスタン・パキスタン国境(協定交渉に当たった大英帝国のデュランド卿にちなみデュランド・ラインと呼ばれる)は、大英帝国がロシア帝国との緩衝地帯を設けることを目的として一八九三年に確定された。こうして、国家を構成する重要な要件である領土が次第に定められ、国家の輪郭は明瞭さを増した（八尾師誠「国の形と統治機構——国民国家アフガニスタンの相貌」）。

とはいえ、二〇世紀に入ろうかという段階でも中央政府の威光が隅々にまで及んでいたわけではない。一例を挙げれば、一九世紀後半、東部ナンガルハール州の街ラールプーラの藩主は、英領インドとカーブル政府の両方と良好な関係を保ちながらも、住民からの徴税や通行料徴収などを通じた財源の確保により、独立した政治的地位を維持した。確かに国民国家形成に向けた努力は緩やかながらも進んだが、従来通り、パシュトゥーン人をはじめとする部族勢力による自治は継続しており、こうした統治形態は特に閉鎖的村落においては現代でもさして大きく変わることはない（『近代アフガニスタンの国家形成』一七三〜二四三頁）。

筆者は、二〇一二年二月、髙橋博史駐アフガニスタン大使に同行して東部ナンガルハール州ジャララバードに行ったが、その際に地方が大きな力を持っていることを実感した。当時、同州は、グル・アーガー・シェールザイが知事を務めていた。シェールザイ知事は、一九九〇年代に南部カンダハールで最も有力な軍閥司令官であった人物で、イスラーム共和国政府内でも要職を歴任していた。我々がカーブルからヘリコプターで直接訪れた州知事庁舎は（庁舎内にへ

図9　ナンガルハール州知事庁舎（2013年2月12日）

リパッドがある）、広大な敷地を有する立派な建物で、内部の装飾品もまた見たことがないような絢爛豪華なものであった。

地元の人々は知事への陳情を持ってやってきていた。知事の世話は周辺の者が全て行っている。シェールザイ知事は髙橋大使や同行した国連や国際治安支援部隊（ＩＳＡＦ）の使節らを応接室でもてなした後、何度も庁舎内で部屋を変えながら会談を行った。それは、まるで自らの威勢を客人に誇るかのようであった。いずれの部屋も目を見紛うような豪華な内装であった。その後の昼食会では、大きな晩餐テーブルを取り囲み訪れた数十人に対して食事がふるまわれた。訪問客に対しては、絨毯《じゅうたん》が贈呈された。州知事の権限と暮らしは、まさしく現代の王様と呼べるものであった。アフガニスタンは首都カーブルには大統領が君臨しているが、各州は「小さな王様」によって支配されているのだ、と思ったものである。

2　部族統治の実態

地方行政の仕組み

現在の地方の部族統治の実態を見るに当たって、農村社会での意思決定メカニズムがどのようなものであるのか、並びに、最大民族パシュトゥーン人の部族の慣習法がどのようなものであるかに目を向ける必要がある。農村社会では、公式の下部行政機構とは別に、伝統的な自己統治機構がコミュニティ内での意思決定において依然として重要な役割を果たしており、その統治は成文化されない慣習に基づく部分が大きい。

アフガニスタン政府の下部行政機構には、三四から成る州(ワラーヤト)、および、その下部にあり最小行政単位である郡(ウルスワーリー)があり、その郡の下には住民の生活単位である村(カリヤ)がある。こうした下部行政機構の外に、農村社会における自己統治機構であるシューラーが存在する。シューラーには、村人の中から人柄、家系、経済力などをもとに選出される長老がおり、土地や農業用水の問題、家同士の争いなどが発生した際に、仲介や調停を通じた問題解決の役割を果たしている(林裕『紛争下における地方の自己統治と平和構築』一一一〜一三九頁)。実は、アフガニスタンでは、こうした非公式の自己統治機構が、公式の行政機構よりも住民に寄り添う機能を果たしている。

部族の掟パシュトゥーン・ワリー

こうした農村社会においてはパシュトゥーン人の部族慣習法パシュトゥーン・ワリーが、人々の行動様式を規定する暗黙のルールとして機能し、影響を与えている。パシュトゥーン・ワリーとは、「パシュトゥーン人らしさ」、「パシュトゥーン精神」、あるいは、「パシュトゥーン人の道徳と慣習」とも呼べるもので、成文化こそされていないが人々が日々したがう行動規範となっている。パシュトゥーン・ワリーには、次のようなものが含まれる。

勇気、戦闘の掟、夜襲、人質、避難、戦争における女性の役割、長上に対する尊敬、復讐、聖戦、集会、平和、和約、誓約、忠実、決断、不撓不屈、民族愛、自尊心、大望、自由、平等、客に対する歓待、客に対する尊敬、旅行護衛、郷土愛と自衛、民族の独立、信仰、貞潔、協調、素朴、家系と伝統の尊重、男女の結婚年齢、女性の尊厳、家庭における女性の役割、子弟の教育方針、遊戯、パシュトゥン族についての外国人の意見、平等、真実、援助、救済、警報伝達、団結、人質、妻と夫、寡婦、一夫多妻と女子の誕生、民間伝説。

（勝藤猛「パシュトゥン族の道徳と慣習」三頁）

これらの中でも、一九五〇年代にカーブル大学に留学しパシュトゥー語を学んだ勝藤猛の「パシュトゥン族の道徳と慣習」における説明に従って、特に重要なものについて説明を付したい。なお、部族慣習法は、人々が無自覚にしたがう規範といったもので、部族によって多少の相違もある。

①勇気（トゥラー）

まず、パシュトゥーン人の男子にとり勇気（トゥラー）はとても重要な価値である。もともと、語源であるトゥラーは刃渡り一メートルほどの刀を意味しており、パシュトゥーン人にとり重要な武器であった。伝統的に、パシュトゥーン人の男子は、勇武を大切にする。

②避難（ナナワテー）、および客人に対する歓待（メルマスティヤー）

次に、避難（ナナワテー）というものがある。危険が迫る者が庇護を求めて他人の家に入ることを意味しており、家の者は身命を賭しても入ってきたものを保護しなければならない。これと関連して、客に対する歓待（メルマスティヤー）は、山間部に住み、また遊牧の民でもあるパシュトゥーン人にとって重要であり、アフガニスタンに滞在する者は誰でもその寛容な精神に感動する。

③復讐（バダル）

もう一つ重要な概念は、復讐（バダル）である。パシュトゥーン人は、相手方から損害を被った場合、復讐を企て果たすまで諦めることはない。復讐が達成されない場合、その悲願は次の世代に引き継がれ、何世紀経っても消えることはない。

④集会（ジルガ）

パシュトゥーン人が最も重要と考えているものの一つがジルガである。ジルガは、重要問題が起こるたびに随時開かれ、意思決定が行われる。住民は、ジルガを通じて問題解決を図っている。そして、アフガニスタンの統治者によって部族長や指導者が全土から召集される最大の部族大会議であるロヤ・ジルガが、国家的問題に関する重要事項を決める意思決定方式として機能してきた

⑤女性の尊厳(ナームース)

国家や民族についても用いられるが、女性の尊厳(ナームース)は一般には女性に用いる。パシュトゥーン人社会において、他人の妻や娘についてささやかであっても関心を示すことは、女性のナームースを傷つける行為だとされる。例えば、挨拶を交わす際、「奥さんの御機嫌はいかがですか?」と問うことは、相手のナームースを侵害することになり、ひいては男性の名誉を傷つけることになる。

なお、伝統的には、パシュトゥーン人社会では、男子の誕生は祝われるが、女子の誕生は喜ばれなかった。男子が生まれれば、村中で太鼓を叩く音が響き渡り、空に向かって鉄砲が放たれる。しかし、女子が生まれた場合には親たちは祝わず、女子が父親に抱かれることはない。

ターリバーンの行動規範との整合性

ここで挙げたパシュトゥーン・ワリーは、ターリバーンの行動規範を理解するうえで重要である。一般に「厳格なイスラーム解釈に基づく統治」といわれることが多いが、ターリバーンの行動はパシュトゥーン・ワリーを基にしていることも多いからだ。

例えば、髙橋博史は著書『破綻の戦略』の中で、一九九六年にアメリカ政府の女性高官がターリバーンの最高指導者との面会を希望した際でも、ターリバーンの大幹部らは「イスラームでは見知らぬ女性に会うことは禁じられている」として、この国家承認に向けて非常に重要な会談を最も若輩の閣僚に対応させたエピソードを語っている。つまり、ターリバーン大幹部の心は、見知らぬ女性に会い、相手のナームースを汚した場合、自分の名誉が傷つけられるとの思いに支配されていたのである。また、髙橋は、国連機関や国際社会が婦女子の教育や就労について理解を迫ることは、ターリバーンにとってはナームースの侵害に当たるため、そもそも国際社会とターリバーンとの間の女性の権利保障をめぐる議論は噛み合っていないともしている(髙橋博史『破綻の戦略』一五〇〜一六四頁)。

もっとも、シャリーアの規定とパシュトゥーン・ワリーは、全く別の考え方ではなく重なる部分も多い。例えば、異民族の侵略に対する抵抗は、イスラームでもパシュトゥーン・ワリーでもジハードと位置付けられる。女性の髪や身体をヴェールで覆うことについても、両者の間に相違点はない。むしろ、ターリバーン支配の象徴ともいえる青いチャードリー（頭部や顔から足元までを覆うヒジャーブの一種。日本ではブルカと呼ばれる）なども、顔が見えないことが女性の自由の侵害だとして、着用を強制したターリバーンが欧米社会で非難を集めたが、そのデザイン自体はアフガニスタン独自の文化に基づくものである。この意味において、ターリバーンによる「シャリーアを厳密に解釈した統治」と呼ばれるものは、アフガニスタンにおける一般的な人々の暮らしと実は大差はない（一部例外もある）。

人類学者の松井健は「女性に対する抑圧は、アフガニスタンにおいてけっして新しく起こった問題ではない。ターリバーン支配によって強化された側面はあるものの、アフガニスタンの地方や僻地においては、女性はつねに男性の支配下におかれていた」と述べる。松井は、「男の名誉は、自分自身の寛大さ、勇気、約束を忠実に守ることなどの自己の徳目によってえられるものと、女性の近親者が貞淑であることによってもたらされるものの二つがあ」ると記している。このように、部族の掟はイスラームの信仰と強く結びついてきた（松井健『西南アジアの砂漠文化』四六二、六二四頁）。

多くのパシュトゥーン人にとって、ターリバーンによる統治政策は、それまでの生活との間で大きな違和感のないものであった。このため、ターリバーンは何もないところから突如として出現した存在ではなく、アフガニスタンの伝統的な部族社会という仕組みの中から派生したものであり、アフガニスタン人の一部を代表していると理解することができる。この点は、例えば「イスラーム国（ＩＳ）」などのイスラーム過激派組織と大きく異なる点である。

3　保守的なアフガニスタン社会

アマーヌッラー国王の失脚と共産主義者の失敗

二〇二一年にターリバーンが台頭した要因を考えるうえでは、過去の教訓から学び、ガニー政権のような急進的な社会変革が社会の保守層から反発を招いていたことを知る必要がある。

ここに一例を挙げたい。一九一九年にイギリスから独立を果たしたアマーヌッラー国王は、欧米諸国にならい、アフガニスタン社会を世俗化と近代化の方向に向かわせる改革プログラムに着手した。この過程では、はじめて成文化された憲法が立案され、女性の権利の拡充や女子教育の推進がみられた。また、国王は男性に対しては髭を剃り、女性に対してはアフガニスタン社会で身にまとうことが義務付けられるヴェールを取るよう指示を出した。実際、ソラヤ王

図10　アマーヌッラー国王(左)とソラヤ王妃(右)

妃はヴェールを取り、西洋風の衣服で公の場に姿を現した。

しかし、女性の家族構成員を客人に対してすら見せない、保守的なアフガニスタン社会では、こうした急速な近代化への取り組みは衝撃をもって受け止められた。民衆の中には、「国王は外国に行って頭が狂った」と批判する者もいた。結局、国王の施策は、イスラームの教えに反するとして宗教界や部族長老などの猛反発を買い、国王は一九二九年に失脚、その後も復権できず客死するに至った。

一九七八年四月に権力を掌握した共産主義政権も、急進的な社会改革を推し進めたことが、国民の激しい反発を買った。革命評議会の初代議長タラキーは、社会主義への革命を実践すべく、識字教育の徹底化を図り、これを拒否する者への暴力も辞さなかった。しかし、その教育内容には宗教が含まれなかったことから、一部のイスラーム教徒の反発を招いた。また、タラキーが断行した土地改革では、シャリーアに基づく土地所有権を無視し、封建的関係の排除を目的に一定以上の土地所有を制限したことが混乱を招いた。アフガニスタンの地主と小作人の関係は、搾取構造にあったわけではなく、土地を所有するか否かという違いしかなかった。

農業立国であるアフガニスタンでの、こうした急進的な改革は社会を混乱させた。その結果として、アフガニスタンはソ連軍の進攻、そしてそれに対するジハードの時代に突入することになる。

変化する都市部、変わらない農村部

このように、アフガニスタン社会においては緩やかな中央・地方の関係性が通史的に存在しており、地方では伝統的な部族統治が行われてきた。部族統治の中ではパシュトゥーン・ワリーが法律の役目を果たし、ジルガが事実上の政府であり、客人歓待や女性の尊厳が村人の日常の行動を決めている。とはいえ、二一世紀の我々が住む時代は、欧米からの最新技術や文化の流入、あるいは情報技術の発展によって人々の暮らしは様変わりしている。カーブルや地方の大都市では、瀟洒なスーパーマーケットが立ち並び、若者はスマートフォンやパソコンを自在に操り、音楽や踊りや映画を楽しむ生活を送っている。アフガニスタンに駐在した多くの外国人(その多くは援助関係者であるが)にとって、彼ら・彼女らの接するこうした生活を送るアフガニスタン人は、日本人の我々とさほど変わらないように見えるようである。

しかし重要なことは、今でもアフガニスタンの人口の七割超は農村部に暮らしており、そこでの人と人のつながりや社会のあり方、そして人々の信ずるものや行動規範は大きく変わっていないということである。筆者はアフガニスタンに滞在した約七年間で、幾度も友人から邸宅に招待を受けたことがあるが、そうした場面で男性ホストの女性家族構成員と顔を合わせたことはほとんどない。唯一の例外は、ホストが学生時代にアメリカにフルブライト奨学金留学生として暮らしたことがある家庭のみで、その意味では彼の暮らしはアメリカ式であった。その他の家庭では、たとえカーブルに暮らし国際機関に勤めるアフガニスタン人であっても、女性の尊厳を厳格に護るのである。そして、たとえ家計が苦しくとも、客人に対しては最大限のもてなしを行い、勇気や復讐といった価値を命よりも重く考え、外部者がアフガニスタンの国の独立や人々の尊厳を脅かそうものなら命を懸けて抵抗するのである。この本質は今でも全く変わっていない、と筆者には思える。

勝藤の前掲書は、以下の文章で締め括られている(傍点は筆者による)。

パシュトゥン人の大部分が遊牧的生活を捨てない限り、かれらの伝統は失われないであろう。一方、都市に住みついた一部のパシュトゥン人は、パシュトゥヌワレイを忘れたかの如く、ヨーロッパ的文明生活を楽しんでいる。かれらにとって英語かフランス語の方がパシュトゥ語より容易である。かれらは村落のパシュトゥンを未開蒙民としてさげすむ。しかしかれらが国家の統治者であるからには、国の権力を国内の隅々にまで及ぼさなければならない。
復讐に代るに法の尊厳を教え、「集会」に代る村議会を組織せしめなければならない。しかし、このことはまだ甚だ不充分である。下級役人の中には、パシュトゥヌワレイを知って、アフガニスタン国憲法の存在を知らぬものもある。

今日のアフガニスタン国を理解するには、この国の人口の六割を占める支配民族たるパシュトゥン族の伝統を理解しなければならないであろう。

第四章　ターリバーン支配下の統治

（アフガニスタン）イスラーム首長国は、その体制において全面的にアッラーの書（クルアーン）とその使徒（ムハンマド）のスンナ（言行）、正統カリフたちのスンナと教友たち（預言者の直弟子たち）の言葉に依拠し、追随者たち（預言者の孫弟子）のファトワー（教義回答）と独自裁量（イジュティハード）を行ったウラマー（イスラーム学者）たちの見解を学び、過去の諸民族の歴史からも教訓を得る。

——著者不明（中田考訳）「アフガニスタン・イスラーム首長国とその成功を収めた行政」

二〇二一年八月一五日に捲土重来を果たしたターリバーンによる統治は、一体どのようなものとなるだろうか。前回のターリバーン統治と比べ、どのような点が一貫性を持ち、あるいはどのような点が変わるのだろうか。

二〇二一年九月七日、ターリバーンは暫定内閣の一部を発表し、新しい実効支配勢力として本格的に船出した。ターリバーンは各所に人員を配置し治安維持を図った他、イスラーム共和国政府の公務員を職場に復帰させ、身分証明書やパスポートの発行、教育、医療、福祉など諸々の行政サービスを漸次的に再開させた。

他方、本書執筆時点(二〇二二年一二月)、ターリバーンを政府承認した国はなく、欧米メディアでは女性の人権抑圧の状況などについて盛んに報じられている。また、いくつかの人権団体は、ターリバーンがイスラーム共和国治安部隊要員を処刑したと糾弾している。まだまだ課題は山積みだ。

冒頭の問いに正確に答えることは容易でないが、本章では、ターリバーンの思想体系を構成するシャリーアや部族慣習法パシュトゥーン・ワリー(第三章で詳述)といった諸要素、並びに、それらの要素間の関係性についての先行研究を概観した後に、カーブル陥落前後にターリバーンが打ち出した統治方針に着目してその解明を目指す。そして、女性の権利保障に代表されるいくつかの争点を事例として、ターリバーン支配下での統治の様態を検討し、今後を見通す羅針盤めいたものを示すことにする。

1　ターリバーンの思想体系

先行研究が示す「複合性」

そもそも、ターリバーンは、一九九四年にアフガニスタン国内でムジャーヒディーン各派が匪賊と化し権力闘争に明け暮れ、治安と秩序が失われた混乱状況の中で、イスラーム教を錦の御旗として掲げる「世直し運動」として台頭した。ターリバーンの思想体系の根幹は、イスラーム教のスンナ派ハナフィー学派に属するデーオバンド派の教義に基づいてはいる（第二章参照）。

しかし、ターリバーンの思想体系の基礎や行動原理は、イスラーム教だけに立脚しているわけでない。創始者兼初代指導者のムッラー・ウマルは、南部カンダハール州の田舎で生まれ、同じく南部ウルズガーン州のマドラサで教育を受けながら育った。彼をはじめとするターリバーン創設期のメンバーの多くは、いわば辺境にあるパシュトゥーン人居住地域の一般的な農村社会、あるいは、パキスタン領内にあるアフガニスタン難民キャンプで生まれ育っており、その行動原理は控えめに言っても宗教的にも政治的にも世間から隔絶した「農村の精神」に依拠していた。ムッラー・ウマルが足を運んだ中で、最も遠い場所はパキスタンであった(『シークレット・ウォーズ(上)』一〇五頁)。

このように、ターリバーンの思想体系というものは、イスラーム教だけでは説明できない「複合性」を抱えている。これを解明するため、まず、ここでは同問題に関する先行研究の中でも重要なものを確認したい。

一つ目は、イスラーム法学者である中田考の翻訳による『ターリバーンの政治思想と組織』である。同書は、『ジハードの声』アラビア語版だけに、二〇〇九年から二〇一〇年にかけて五回にわたって掲載された「ターリバーンの思想の基礎」(アブドルワッハーブ・アル＝カーブリー署名)と「アフガニスタン・イスラーム首長国とその成功を収めた行政」(著者不明)から成る。ターリバーンは論説記事と称して、ターリバーン指導部が言いたいが言えないことを自派に近しい物書きに書かせることが往々にしてある。

同書によると、ターリバーンにとって、天啓のシャリーア以外のもの（憲法などの人定法）を従うべき権威とすることは不信仰とみなされ、目指すべき行政の仕組みは、初期イスラームの時代に通用していた宗教規範に基づく。章立てに「西欧文明の生んだ退廃による思想と知性の汚染の不在」「政治的制度的行動の方法において西洋への門戸の閉鎖」といった文言が含まれていることからわかるとおり、ターリバーンの立場は原則的に排他主義的である。一方で、女性の教育の禁止を明言しておらず、あくまでも女性だけの教育のための環境やカリキュラムが用意されるまで延期されるべきとの立場が示されている。また、シーア派や少数民族に対する攻撃的な文言はみられず、この点はイスラーム過激派諸派の立場とは一線を画す。これらの諸点から、同書はターリバーンがどこまでを許容することが可能なのか、どこからが譲れない一線なのかといったターリバーンの思想体系をくっきりと示している。

二つ目は、アフガニスタン情勢分析を専門とする非営利組織「アフガニスタン分析ネットワーク（AAN）」の共同代表であるトーマス・ルティックによる「ターリバーンはどれほど部族的なのか？」である。ルティックは、ターリバーン運動への本質的理解が圧倒的に不足している昨今の状況を踏まえ、同運動が民族、宗教、あるいは政治的動機によって生起したものなのかを仔細に検討している。ルティックによれば、ソ連軍侵攻時代（一九七九～一九八九年）、ターリバーン運動の萌芽は、イスラーム党ユーノス・ハーレス派やアフガニスタン解放イスラーム連合の中に見出された。当時のターリバーン運動（の萌芽）は、宗教的大義の上に立ちつつも、「異民族の侵略に抵抗すべし」という政治的動機によって突き動かされている部分が大きかった。しかし、一九九二年にナジーブッラー政権が崩壊すると、ターリバーン運動は、ムジャーヒディーン各派による反イスラーム的な蛮行に一刻も早く終止符を打ちたい、との強い宗教的動機によって牽引されてゆくことになった。

これを踏まえたうえで、ルティックは、イスラーム共和国成立以降に体制外勢力となったターリバーン運動は、イスラーム共和国への不満を背景として加わったパシュトゥーン人が多く、いわば「複数のネットワークから成る集合体」を形成しているという。「複数のネットワーク」の中には、地域、および部族の単位で活動する諸派閥（主体となるのはパシュトゥーン人。但し、他民族も排除されない）が含まれる。しかし、いずれの「複数のネットワーク」も最高指導者への忠誠を誓っており、共通の目的のために闘う同志として緩やかに連携している。このようにターリバーン運動内の諸派閥は、それぞれに異なる宗教、部族、および政治的な動機（もしくはそれらの組み合わせ）によって参加しているため、ターリバーン指導部内で宗教的な大義やその実践に関する統一的見解に向けた真剣な議論が恒常的に行われているかは不明瞭である、とルティックは分析している。

結論として、ルティックは、ターリバーン運動は、民族を超越した宗教的要素から成る垂直構造と、パシュトゥーン民族社会に根差した横に広がるネットワークから成る水平構造とが組み合わさって出来た二元的なものだとしている。つまり、ターリバーンの行動原理は、イスラーム教のみから形作られるわけではないが、他方で部族的側面からだけでも説明できないということだ。

ターリバーンにとっての二つの情報受容者

三つ目は、赤十字国際委員会のスタッフなどとしてアフガニスタンで勤務し、東京大学大学院在学中にフィールド調査（二〇一二年）を行った長嶺義宣による『ターリバーンの行動規範における正統化戦略』である。長嶺は、ターリバーン指導部が戦闘員に向けて示すラーイハ（語義は、目録や規則）と呼ばれる独自の行動規範に着目し、それがイスラーム教、部族慣習法、および国際人道法とどのような共通点と相違点を有するのかを考察している。ターリバーンは、二〇〇六年に初めて配下の戦闘員に対してパシュトゥー語で書かれた行動規範を示し、以降、二〇〇九年の改定を経て、二〇一〇年に第三弾を発出した。

二〇一〇年五月二九日にアフガニスタン・イスラーム首長国名義で出された行動規範は、全部で一四章から成る。章立てには、「敵対勢力の投降に関する諸問題と宣教の方法」「囚人の処遇」「スパイについて」「戦利品の取り扱い」「組織構成」「ムジャーヒディーンの内部統制」「教育と訓練」「NGO、諸組織、会社の管理統制方法」「保健について」「禁止事項」などが含まれる。ここでは、投降した敵は迎え入れよ、拘束した囚人は丁重に扱え、といった諸規則が個別の事例ごとに定められている（Nagamine, *The Legitimization Strategy of the Taliban's Code of Conduct*, pp. 145–162）。

総じて長嶺は、ターリバーンの行動規範は、確かにシャリーアとの共通点が多い一方で、部族慣習法の諸規則は用いておらず、国際人道法に関する言及は一切していないと指摘する。長嶺は、これはターリバーンが彼らに正統性を与える「内側」と「外側」の聴衆を明確に峻別するためだと述べる。「内側」の聴衆に相当するターリバーン構成員を念頭に置くと、欧米起源の如何なる思想や政治体制からも影響を受けていないことを明確にしておく必要性がある。そうしなければ強い反発を招くからだ。と同時に、行動規範は、民間人の保護や囚人の処遇に言及するなど、国際人道法との共通点も多い。

結論として、長嶺は、「内側」の聴衆には行動規範がシャリーアに立脚していると認識され、

「外側」の聴衆には国際人道法に合致していると認識されるつくりになっていることを明らかにしている。部族慣習法は成文化されない慣習のため、ここでは明示的に示されないことになる。

ターリバーンの思想体系の輪郭

ここまでの議論を小括すると、天啓のシャリーアと、その構成員の中核にあるパシュトゥーン人の部族慣習法が組み合わさって混然一体となったものが、ターリバーンの行動原理となっている。出現当時の社会情勢に鑑みれば、ターリバーンの強い動機にはシャリーアに則った「世直し運動」があった。無法を働くムジャーヒディーン各派を討伐し、弱きを助け強きをくじくターリバーンの姿勢は国民の支持を集めた。しかし、ターリバーンは二度にわたる全国制覇の過程で、創設時のメンバーとは異なる出自の個人や勢力を次々に取り込んで膨れ上がった、「複数のネットワークの集合体」と呼べる存在でもある。このため、非パシュトゥーン人が同運動に加わる余剰部分を残す必要があり、パシュトゥーン人の部族慣習法は依拠すべき行動原理として全面的に打ち出されていない。但し、実際のところ、ターリバーン戦闘員の多くは、この部族慣習法を好むと好まざるにかかわらずしたがわざるを得ない。客人歓待や庇護、復讐、女性の尊厳などを守らなければ、アフガニスタン人がアフガニスタン人でなくなってしまうのである。なお、部族慣習法にみられる保守的な価値観は、パシュトゥーン人のみならず、全てのアフガニスタンの民族に共通する価値観でもある。

また、情報を受容する側の視角によって、ターリバーンの思想体系、ひいてはターリバーン運動そのものの実像が異なって映ることもわかった。脆弱な権力構造から、ターリバーン運動が「内部」の凝集性の維持に重きを置いている様子がうかがえる。その一方で、ターリバーン運動にとって「外部」の聴衆(例えば国連や諸外国・機関)から承認されることの重要性は、実効支配勢力となってより一層高まっている。このため、ターリバーンは「外側」の聴衆に向けて、ターリバーン運動は国際的な規範と整合していることをアピールしている。これらの諸点は、ターリバーンが何故まとまった形で組織の綱領や憲法に類する文書を公表しない(あるいはできない)のか、ターリバーン指導部が示す公式の立場と末端の戦闘員が行う行動の間に相違があるのか、といった疑問への答えを導く鍵になる。

2　ターリバーン暫定政権の指導体制と統治方針

暫定内閣の陣容と中央・地方の指導体制

ここまで、第一期ターリバーン「政権」の統治方針(第二章)、および体制外勢力時代のターリバーンが示した思想体系に関する先行研究(第四章前半)を概観してきた。ここでは、カーブル陥落前後のターリバーンの指導体制と統治方針に着目し、ターリバーン統治の方向性を検討したい。

カーブル陥落二日後の二〇二一年八月一七日、ターリバーンのバラーダル副指導者(創設メンバーの一人)が、カタールから南部カンダハールに移動し、暫定政権発足に向けた準備を始めた。彼曰く、これほどまでの早期の政権崩壊はターリバーンにとっても予想外の出来事であった。ガニー大統領が国外逃亡したことを受けて、カーブルでは、カルザイ元大統領、アブドゥッラー元国家和解高等評議会議長、およびヘクマティヤール・イスラーム党指導者が平和的な権力移行の窓口となる調整評議会を設立した。ターリバーンはカタール政治事務所のアナス・ハッカーニー(HQN創設者の息子)を派遣し、調整評議会との折衝に当たらせた。

八月三〇日夜、最後のアメリカ兵がカーブル国際空港を発つと、ターリバーンは最後まで抵抗運動を続けるアフマド・マスード率いるパンジシール国民抵抗戦線(NRF)の武力制圧に乗り出した。パンジシール渓谷は、カーブル北方に位置し、ソ連侵攻時にも陥落しなかった難攻

表2　ターリバーン暫定内閣の主要閣僚(9月7日時点)

最高指導者	マウラウィー・ハイバトゥッラー・アーホンドザーダ
首相代行	ムッラー・ムハンマド・ハサン・アーホンド
副首相代行	ムッラー・アブドゥルガニー・バラーダル
副首相代行	マウラウィー・アブドゥルサラーム・ハナフィー(ウズベク人)
国防相代行	マウラウィー・ムハンマド・ヤクーブ
内相代行	ムッラー・スィラージュッディーン・ハッカーニー
外相代行	マウラウィー・アミールハーン・モッタキー

出所：各種公開情報をもとに筆者作成．断りない限りパシュトゥーン人．

不落の天然の要塞である。NRFにはサーレフ元第一副大統領や治安部隊要員も加わり、事前に搬送されていた大量の兵器を用いて必死の抵抗を見せた。ターリバーンは投降を呼びかけながら、現場では戦闘員が渓谷ににじり寄った。並行して、正体不明の航空機や無人機がパンジシール渓谷で抵抗するNRFを襲ったとの真偽不明のニュースが流れた。地元民の中には、パキスタン軍部が航空支援をしていると噂する者もいた。NRFの抵抗も虚しく、九月六日、ターリバーンはパンジシール渓谷を完全制圧したと発表した。

こうして二〇二一年九月七日、ターリバーンは暫定内閣三三ポストを発表し(表2)、実効支配勢力としての活動を開始した。ターリバーンが民族的・政治的に包摂的な政権を作るのかどうかが注目されたが、蓋を開ければ、暫定内閣リストは一つの例外もなくターリバーン幹部によって占められた。民族構成で見ると、三三ポストの内、パシュトゥーン人が三〇ポストを占め、タジク人が二ポスト、ウズベク人が一ポストを得た。ハザーラ人などの少数民族は入閣しなかった。女性の政治参加も見られなかった。

図11　パンジシール渓谷(2006年4月14日)

また、一七名が国連安保理制裁リストに名を連ねており、その内の二名はアメリカ連邦捜査局(FBI)の指名手配犯であった。なお、この暫定内閣リストはあくまでもその時点のものであり、その後、ターリバーンは九月二一日に一七ポスト、一一月七日に四四ポスト、一一月二二日には二七ポストを追加発表した他、アブドゥルカビールを三人目の副首相代行に任命した(一〇月四日)。商業相代行にはパンジシール渓谷出身のタジク人が、保健副大臣代行にはハザーラ人が任命されており、ターリバーンは暫定内閣を包摂的なものだと主張した。

事前の予想では、カタールにおける和平交渉を率いたバラーダル副指導者が首相代行に就くのではないかとい

図12　ターリバーン最高指導者

われたがそうはならなかった。この背景には、「政治部門」と「軍事部門」との間の緊張関係がある。バラーダル副指導者に代表される「政治部門」がアメリカとの交渉を主導し力を持ち始めていた状況に対し、カーブルを軍事的に解放した立役者を自認する「軍事部門」は不満を強めた。報道によれば、「政治部門」のバラーダル副指導者（ドゥッラーニー氏族）が包摂的な陣容を希望したのに対し、「軍事部門」のスィラージュッディーン・ハッカーニー副指導者（HQN指導者。カルラニー氏族）やヤクーブ副指導者（ギルザイ氏族）らが反発したという。そこで、合議制で物事を決めるアフガニスタンの伝統に則り、誰の面子も潰さないことが優先され、いずれの派閥にも属さないムッラー・ムハンマド・ハサン・アーホンド（第一期ターリバーン政権元副首相。ガルガシュト氏族）が首相代行に推戴された。なお、この背景には、出身氏族・地域に基づく対立もある。

暫定内閣が発足したものの、ハイバトゥッラー・アーホンドザーダ最高指導者の権限が不明である状況が続く（公に姿を現すこともしない）他、新たな憲法も打ち出されず一九六四年憲法をイスラーム教に反しない範囲で適用する方針が示された。このため、本書執筆時点、最高指導者と首相代行の権限と役割、政治体制、司法制度、立法制度、ターリバーン指導部と国民の関係性、正式な国名、国旗なども不透明な状況である。もっとも、今後も憲法が発布されるかは不透明である。第一期ターリバーン「政権」のマウラウィーザーダ検事総長は一九九七年のインタビューで、「国家の基本的条件を定めた根本規定はシャリーアである。したがって、我々は憲法を必要としない」と語っており、現在でもそうした考えがターリバーン内で根強い可能性はある（*Taliban*, p. 107）。

また、イスラーム共和国下で作られた女性課題省は廃止され、新たに宣教・教導・勧善懲悪省が設立された。役所では、イスラーム共和国政府の公務員が職場に呼び戻されており、既存の行政機構を活用し、中央省庁が全国三四州の出先機関を統率する構成を取っている。ターリバーンは国連専門機関やNGOなどの人道援助機関を受け入れる考えを示すとともに、諸組織、会社、NGOとの連携を進める考えをかねてより示してきた。このため、ターリバーンによる統治は、全体としては、ターリバーンが派遣する州知事、郡知事、下級司令官らが指導部（毎週、閣議を開催）の意向に沿って動き、元公務員や外部機関を管理・統制しながら進める形になると想定される。

ムジャーヒド報道官による初の記者会見で示された統治方針

カーブル陥落以降のターリバーンの統治方針を見るうえで、八月一七日にムジャーヒド報道官が示した統治方針が重要である。これはターリバーンが実権を掌握した後、初の記者会見において示されたもので、ターリバーン指導部が「内側」と「外側」の聴衆に向けて伝えたいメッセージが凝縮されている。初の記者会見におけるムジャーヒド報道官の発言要旨は以下である。

- イスラーム的統治の実現
- 全ての者に恩赦(大赦)を与える
- 治安の回復
- 外交団の安全の確保
- アフガニスタンは他国に脅威を投げかけない
- 内政不干渉を求める
- イスラームの教えの範囲内で、女性の権利を保障する
- メディアは仕事を続けられる。ただし、イスラーム教を傷つけない、中立的である、国

益を損なわないという三つの要件を満たすこと

- 包摂的な政府の樹立を目指す
- 長引いた戦争を終結させる
- ケシ栽培の撲滅

（*Tolo News*, August 17, 2021）

過去何度にもわたって確認されるとおり、ターリバーンは「イスラーム的統治の実現」を活動目標に掲げており、ここでもそれが繰り返されている。それでは、ターリバーンがいう「イスラーム的統治」とはどのようなものであろうか。これを考えるうえで、ターリバーン幹部がどのような現状認識をし、どういった理想を心に抱いているのかを知る必要がある。

筆者は、二〇二〇年九月三〇日に、元ターリバーン「政権」幹部からオンラインで意見を聴取した。その人物は、「欧米文化が入り込んだ今のアフガニスタンは堕落し、秩序は乱れ、腐敗が蔓延り、誘拐や窃盗が横行している」との現状認識を示したうえで、「能力があり誠実さを有する最高指導者の下、ハッド刑をはじめとするシャリーアの規定に従って統治をする」重要性を説いた。その人物の目には、髪や肌を完全に覆わない女性キャスターがニュースを読み、男女の踊りの映像がテレビから放映される状況は、憂慮すべき社会的混乱、あるいは、道徳的退廃と映っており、シャリーアに則り社会の公正と秩序を取り戻すべきだということになる。

同様の認識は、『ジハードの声』の中でも確認される。二〇二一年四月二三日に掲載された無署名の論説記事には、「イスラーム首長国は、腐敗、抑圧、不公正を正すべく、アフガニスタンでの統治をイスラーム的なものに変えるために設立された」と記されている。声明が発出された当時、カタールでの和平交渉が佳境を迎える中にあって、ターリバーンが唱道する「イスラーム的統治」とは何かを問う声が高まっていた。こうした中、同記事は、「イスラーム的統治とは、その定義や実行において不明瞭なものではない。イスラーム的統治の原則は、クルアーン、ハディース、およびイスラーム法学の中に記述・編纂されている」と記し、「ムスリムは何世紀にもわたりこうした統治の下で安寧を享受してきたが、不幸にも世俗主義や共産主義などのイデオロギーの流入により後退した」との見解を示している。そのうえで、殺人犯はキサース刑（同害報復刑）によって裁かれ、姦淫や窃盗を犯したものはハッド刑によって裁きを受け、公共の財産を傷つけたものは法に従い罰せられる社会制度を欲しているとしている（Emārat-e Islāmī-e Afghānistān, *Sedā-e Jihād*, April 23, 2021）。

ムジャーヒド報道官の発言の中でもう一つ重要なのが、「全ての者に恩赦（大赦）を与える」と公言した点である。これまでも、ターリバーンは、「占領者」とみなす外国軍に従軍・協力したアフガニスタン人に恩赦を一貫して与えており、それを改めて拡大して示した形だ。二〇二一年六月二四日、および八月一三日の声明において、ターリバーン指導部は戦闘員に対し、民衆の生命と財産を守ることや、敵から投降した者への報復の禁止を厳格に守るよう指示している。八月一三日付アフガニスタン・イスラーム首長国名義のダリー語声明にはこうある。

過去に占領者と仕事し協力した全ての者、あるいは、現在までカーブル行政機構（筆者注：イスラーム共和国を指す）に籍を置く全ての者らに対して、イスラーム首長国は両手を広げて待っている。そうした者らに対しては大赦が宣言されている。

(Emārat-e Islāmī-e Afghānistān, *Sedā-e Jihād*, August 13, 2021)

また、治安の回復、外交団の安全の確保、イスラームの教えの範囲内で女子教育を認めること、メディア活動の条件付承認、ケシ栽培の撲滅、包摂的な政権樹立などについて、寛容な姿勢を見せている。これとほぼ同様の方針は、二〇二一年一〇月一一日にカタールの「紛争・人道問題研究所（CHS）」が主催したセミナーでも、ターリバーン暫定政権のマウラウィー・アミール・ハーン・モッタキー外相代行が示している。したがって、これらの統治方針をターリバーン暫定政権の公式な立場と捉えて大きく間違ってはいないだろう。

もっとも、こうした統治方針はターリバーン指導部の公式見解ではあるものの、実際にはターリバーンの末端兵士がこれと異なる行動を取る事例が散見される点に留意が要る。

3　女性の権利保障を含む多くの争点

治安情勢と報復をめぐる問題

ターリバーンが実権を掌握した後、治安事案は著しい減少傾向にある。カーブル陥落以前、アフガニスタン全土では自爆攻撃、複合攻撃、簡易爆発装置の爆発、および標的殺人などが頻発していた。国連アフガニスタン支援ミッションの報告書によれば、二〇二〇年の一年間で八八二〇名が武力紛争によって死傷していた(三〇三五名死亡、五七八五名負傷)。実行主体の四五%はターリバーンによるものであったことから、ターリバーンが統治主体になったことで劇的に治安が改善した形だ。ターリバーンとしても、治安の回復は比較的容易に自らの統治能力を国民向けにアピールできる格好の材料となる。

こうした状況下、目下最大の治安上の脅威は「イスラーム国ホラーサーン州(ＩＳＫＰ)」である。ＩＳＫＰは二〇一五年に、土着の武装勢力がＩＳ本体に忠誠を誓い、それが認められる形で活動を開始した。近年、主戦場としていた東部ナンガルハール州や北西部ジョウズジャーン州で実効支配領域を喪失し、活動は低迷傾向にあった。しかし、カーブル陥落以降、ＩＳＫＰはシーア派モスクを標的とした自爆攻撃や、ターリバーン戦闘員の移動車両を狙った攻撃などを増加させている。但し、ターリバーンとＩＳＫＰは指導部同士が敵対関係にあり、ターリバーンが軍事的優位を保っていることを踏まえれば、脅威の封じ込めは可能だと見られる（第六章で詳述）。

さて、治安情勢に関し、ターリバーンの統治方針と齟齬《そご》をきたしていることは、大赦を表明しているにもかかわらず、イスラーム共和国治安部隊要員への処刑について頻繁に報じられていることである。人権団体ヒューマン・ライツ・ウォッチが二〇二一年一一月三〇日に発行した報告書によると、同年八月一五日から一〇月三一日の間に、ターリバーンは投降した元治安部隊要員四七名を含む一〇〇名以上を処刑した。同報告書には、残酷な処刑に関する様々な事例が記録されている。北東部クンドゥーズ州の一例を挙げてみたい。

アブドゥルカディールは、ズィアウル国家保安局地方支部長の指揮下で働いていた。家族によると、彼は政権崩壊してから潜伏生活を送るようになったが、ある日、ターリバーン支配地にある義理の兄弟の家を訪れることになった。八月二五日頃、ターリバーン兵士はチェックポストで彼を止め、国家保安局で働いたことがあるかを質した。彼は正直に元国家保安局のメンバーだと答えたが、ターリバーン指導部が表明した大赦があるだろうと反論した。目撃者によれば、「ターリバーンは彼を止めた時、武器の提出を要求した。彼が持ってないと言ったところ、問答無用に連れ去られた」。家族によると、三日後、アブドゥルカディールの遺体がチャール・ダラ川の河原で発見された。

（Human Rights Watch, *"No Forgiveness for People Like You" Executions and Enforced Disappearances under the Taliban in Afghanistan*, pp. 15–16）

特に、ターリバーンの被害に遭っているのが少数民族であり、その中でもシーア派のハザーラ人への暴力が頻繁に報じられている。人権団体アムネスティ・インターナショナルが二〇二一年一〇月五日に発行した報告書では、中央高地ダイクンディ州でターリバーン兵士らが投降した元治安部隊要員一一名と、民間人二名を処刑した。同報告書によれば、八月三〇日、ダイクンディ州のとある村に武装したターリバーン兵士約三〇〇名がやってきた。その際、元治安部隊要員とその家族らが逃げようとしたところ、ターリバーン兵士らが群衆に向けて発砲し、一七歳の少女を含む民間人二名と元治安部隊要員二名を射殺した。元治安部隊要員九名が逃亡を諦めて投降したが、ターリバーンは彼らを近くの川に連行し処刑した。アムネスティ・インターナショナルは頭部を銃弾で撃たれた痕が残る一一名の遺体の写真と動画を確認した(*Amnesty International*, October 5, 2021)。

処刑の他にも、少数民族に対する強制移住が大きな問題となっている。二〇二一年一〇月初旬、南部ヘルマンド州、ウルズガーン州、カンダハール州、北部バルフ州、中央高地ダイクンディ州に居住するハザーラ人の住民ら合計数千名ほどが、数日以内に家や畑を去るよう通知を受け、従わなければ強制排除される事案が発生した(*Human Rights Watch*, October 22, 2021)。また、一一月には北西部ジョウズジャーン州でも、ウズベク人とトルクメン人の住民ら合計千名ほどが移住を強要され、没収された土地はターリバーン戦闘員に分配されることになった。こうした強硬策を講じる背景にはイスラーム共和国政府に加担したことへの懲罰という意味合いもあるという(*Radio Free Europe/Radio Liberty*, December 9, 2021)。

懲罰以外にも、ターリバーン指導部として、これまで多大に貢献した配下の兵士に対して論功行賞を与えねばならない事情もある。歴史上、常に外部からの介入と干渉を受けてきたアフガニスタンでは、為政者が民族間の和解や団結よりも、政治的独立を優先せざるを得ない政治文化が涵養されてもきた。大義と実態の狭間で、ターリバーンは難しい対応を迫られている。

社会政策

社会領域においても、ターリバーン暫定政権は多くの争点を抱えており、とりわけ民主主義諸国が問題視しているのが女子教育の制限である。ターリバーンは環境とカリキュラムが整えば女子教育を再開する方針を示しているが、カーブル陥落後の九月一八日には男子生徒の登校再開を発表したものの、女子生徒の処遇についての言及はなかった。一一月初旬、西部ヘラート州では女子生徒の登校が再開されるなど、統治方針に即した対応も見られている。

ターリバーンが女子教育を制限する要因には、戦争孤児や対ソ連戦の戦いに身を置いた戦闘員が中枢を占める男性社会が築かれてきた中で、女性を軽視したり排除したりすることがその狭い社会の中で評価され、ジハードの正当性を高める役割を果たしてきたことがある。ターリバーン指導部は、仮に女性に対して自由や教育・就労の機会を与えると、原理原則を曲げて妥協したとして、ターリバーン内部で支持を失う(*Taliban*, p. 111)。女子教育の制限はシャリーアに基づいていない、しかし制限を解除すればターリバーンが自壊する恐れがあるというジレンマが存在しており、一筋縄ではいかない問題である。

然るべき環境やカリキュラムが整えば、ターリバーンは女子教育を再開する方針としている。ここで問題となるのが、国際社会がアフガニスタンの在外資産を凍結していることに起因する財政危機である。民主主義諸国の中には、民族的・政治的包摂性を政府承認の条件とする国以外にも、女性の権利保障を条件に挙げる国もある。二〇二一年八月一五日、ターリバーンが政権奪取をしたことで、アメリカは九五億ドル（約一兆円）の資産を凍結した。また、国際通貨基金（ＩＭＦ）や世界銀行も、ターリバーンがアフガニスタン政府の資産にアクセスすることを制限している。これに伴い、国庫が枯渇し、銀行は資金がない状況に陥っている。市内の銀行では、預金引き出し制限により、多くの市民が長蛇の列をなしている。失業が深刻化し、通貨アフガニーは下落、物価は高騰し、寡婦の中には生活のために子どもを売る者や、現金を得るために家財道具を売り払う人々が後を絶たない。厳しい干ばつも、生活困窮に追いうちをかけている。

図13　ターリバーン統治下で女性の顔が塗りつぶされた看板

この意味で、女子教育再開という問題は、ただのターリバーンによる統治方針の枠を越えて、国際社会による資産凍結解除を争点とする対外問題に発展している。女性の権利をめぐって、国際社会とターリバーンが対立する二〇年前の状況が再現されている。

光と影

本章で見たとおり、ターリバーンの思想体系は、シャリーアと部族慣習法が混然一体となったものである。公式には、ターリバーンはシャリーアに基づく公正で秩序だった社会を築くことを目標としている。しかし、二度にわたる全国制覇の過程で非パシュトゥーン人を含む様々な派閥が入り込んでおり、ルティックの言葉を借りれば、ターリバーンは「複数のネットワークから成る集合体」と呼べる集団となっている。このため、綱領や憲法といった自らの信条や思想を体系立てて示す文書は発表されていない。今後もしばらく憲法が制定されず、ファトワー（教義回答）や特別法令などを随時発出する形での統治となる可能性がある。

第三章で見たとおり、ターリバーンの行動原理には部族慣習法が大きく影響を与えている。戦争の只中で生まれ育ったターリバーン戦闘員の多くは、人生の大半をマドラサで仲間とともに過ごし、他者を力で屈服させることを善とする文化の中で育ってきた。男性社会が築かれてきた中で、女性について関心すら示さないこと、女性の権利を制限することが、その狭い社会の中での力強さの証となってきた。対外的には、武装抵抗組織として経験を積んだ巧みなメディア戦略を活用しつつ、ターリバーンは国際人道法に合致した政権運営をしているとの姿勢をみせている。しかし、ターリバーンにとっては、内部の凝集性を保つことが最優先課題である。

このように考えれば、ターリバーンは宥和的な姿勢を打ち出せば、自らが危険な目に遭う脆弱な状況にある。と同時に、外部からの監視の目と、統治すべき対象である民衆からの支持は、ターリバーンの行動に少なからぬ影響を及ぼす。ターリバーン支配下の統治を見るうえでは、こうしたターリバーン内部の構造を理解しつつ、長い時間をかけて徐々に変わっていくものだとの認識が必要である。「恐怖政治」か否かを判断するに際しても、メディアで報じられる情報とターリバーンが生きてきた社会・組織的構造の両側面から慎重に評価することが求められる。仮にターリバーンが反アフガニスタン的とみなされる統治を急げば、ターリバーンは自壊の憂き目に遭うだろう。

第五章　周辺国に与える影響

アフガニスタンは常に、その時々の世界の実像を映す鏡であった。長年くすぶり続けた紛争を通して、アフガン国民の犠牲を顧みぬ超大国や周辺国の独善的な政策が、それを許し続けた国際社会の事なかれ主義とともに、見事に炙り出された。

――川端清隆『アフガニスタン――国連和平活動と地域紛争』

1　歴史的に見た外部からの干渉と介入

一六世紀のユーラシア大陸諸王朝の版図

「文明の十字路」と称されるアフガニスタンにおける政変は、周辺国にも多大な影響を及ぼす。アフガニスタンが置かれた地政学的条件を歴史に遡って振り返りつつ、アフガニスタンからのアメリカ軍撤退、ひいてはアメリカの中東からの軍事的関与の減少が、域内パワーバランスにどのような影響を与えるのかを見てみたい。

アレクサンダー大王の東方遠征やゾロアスター教(拝火教としても知られる)の定着から、インド亜大陸方面からの仏教文化伝来、そしてアラブ方面からのイスラーム化の流れを見るまでもなく、歴史を通じて、多様な文明がアフガニスタンの上を行き交った。そのうちのいくつかは定着し、いくつかは通り過ぎていった。

アフガニスタン北東部バダフシャーン州で採掘されるラピス・ラズリは、紀元前六世紀頃までには、隊商らによって東西に運ばれていた。日本では瑠璃《るり》と呼ばれるこのラピス・ラズリは、エジプトのツタンカーメン王の黄金マスクに使われるとともに、日本の正倉院に所蔵される宝

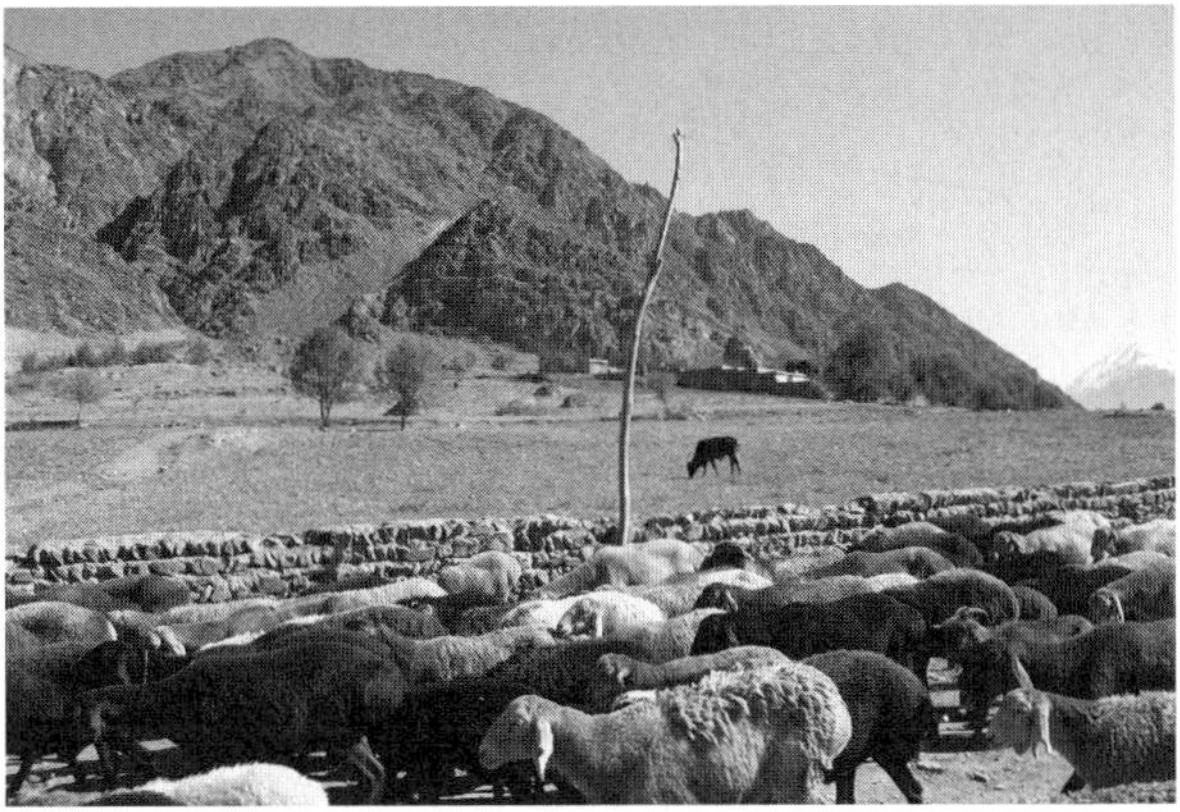

図 14　バダフシャーン州，ラピス・ラズリの産地
(2011 年 10 月 24 日)

図 15　カーブルのバーブル庭園，ムガル帝国の遺跡
(2011 年 7 月 21 日)

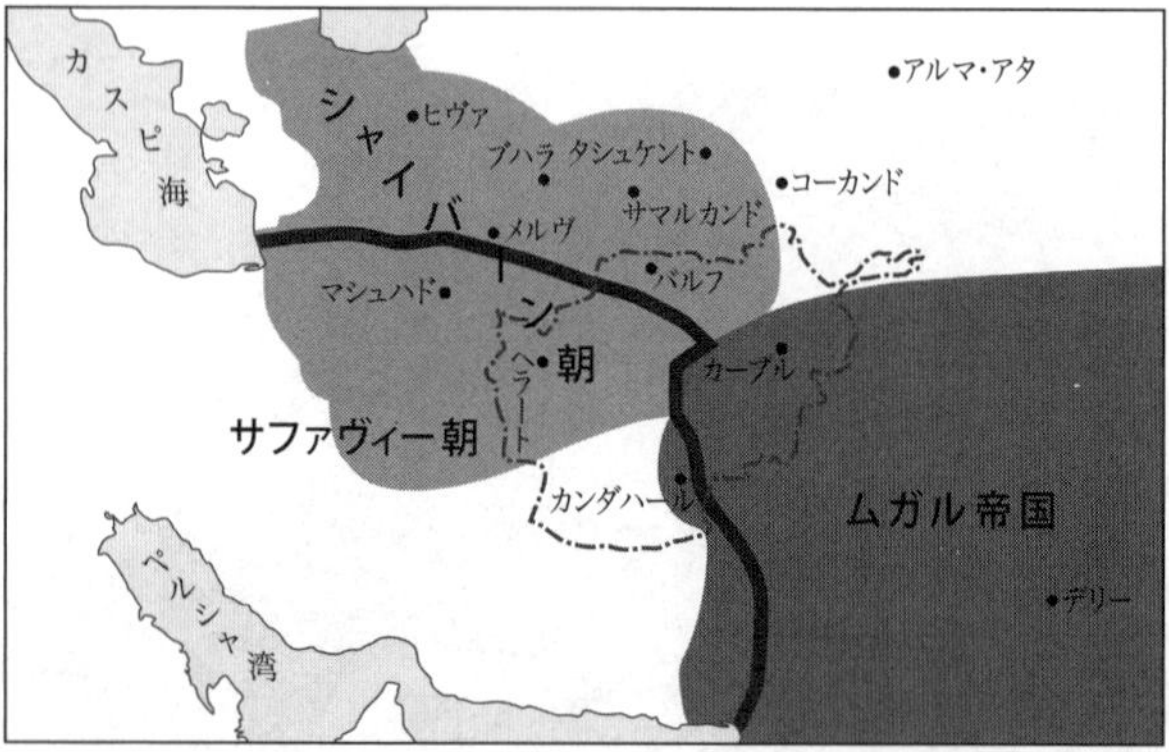

王朝の版図(16世紀)

物の一部にも用いられていることはあまりにも有名である。また、一三世紀前半、ユーラシア大陸を席巻したチンギス・ハーンの大遠征により、北部バルフ地方、西部ヘラート地方、および中央高地バーミヤーン地方が壊滅的な被害を受けたという。

一六世紀になると現在のアフガニスタンを取り巻く諸王朝が、各々の勢力圏を固めつつあった。西のペルシャではサファヴィー朝(一五〇一～一七三六年)が勃興し、一八世紀まで権勢を誇ることとなった。また、現ウズベキスタンの東部にあるアンディジャンで生まれたバーブルはカーブルを経由して、ムガル帝国(一五二六～一八五七年)を建国し、インド亜大陸での覇権を確立した。中央アジアでは、ウズベク人が支配するシャイバーン朝(一五〇〇～一五九九年)が、二つの文明からの圧力を受けながらも独立を守った(地図参照)。

一六世紀当時、こうした三つの勢力圏によるせめぎ合いの狭間で、現在のアフガニスタンに相当する地域は緩衝地帯を成していた。現在でも、アフガニスタンは、中東と南西アジアと中央アジアの結節点である。いずれの文明圏に属しながらも、いずれの地域からも「辺境」と呼び得る場所に位置する。この地政学的条件は現在でも変化しておらず、今後も大きく変わることはない。

グレート・ゲーム、冷戦構造下の米ソ代理戦争、そして「対テロ戦争」

アフガニスタンが背負う緩衝地帯としての役割は、時代が下っても変わることはなかった。一九世紀に入ると、ドゥッラーニー朝で統治者が次々に交代するなどの国内的な混乱が続くと同時に、アフガニスタンを取り巻く国際環境も大きく動いていた。ロシア帝国と大英帝国が、中央ユーラシアを舞台に角逐を繰り広げていたのである。当時のロシア帝国は、中央アジアを経てインド洋を目指し南下する政策を取った。これに対して、大英帝国は、インドに成立させた英領インドからロシア帝国の影響力拡大を抑え込むとともに、自らの勢力拡大を目指した。大英帝国は、三度にわたってアフガニスタンと交戦したが、ついには攻略することができず保護国とする方針に転換した。まさに、アフガニスタンは二大帝国の狭間での緩衝国であった。

二〇世紀後半の冷戦構造下でも、アフガニスタンが時の超大国の間で翻弄される構図は続いた。一九七九年一二月にソ連がアフガニスタンに侵攻したことを受けて、アメリカをはじめとする西側陣営は危機感を強めた。一九八〇年一月、アメリカのカーター大統領は一般教書演説において、ソ連軍のアフガニスタン侵攻を指しながら、「ペルシャ湾岸を掌握しようとする外部者の試みは、アメリカの核心的利益への挑戦とみなすこととし、そのような挑戦には軍事力を含む必要な手段の行使によって反撃する」と述べ、アフガニスタンを含む中東をアメリカの核心的利益だと明確に位置づけた(「カーター・ドクトリン」)。これによって、ソ連を後ろ盾とするカーブル共産主義政権と、西側諸国に支援されるムジャーヒディーン各派による米ソ代理戦争がアフガニスタンを舞台に勃発し、およそ一〇年間続いた。

二一世紀に入ると、アフガニスタンは「対テロ戦争」の最前線と位置づけられ、二〇年間に及ぶアメリカ軍駐留を経験することになった。九・一一事件を受けて、アメリカは二〇〇一年一〇月に、実行主体と見られたAQを匿うターリバーン「政権」に軍事行動を仕掛けた。これによってターリバーンは権力の座を追われることになったが、アフガニスタンを再びテロの温床にしないことを目標として、欧米諸国を中心とする民主化支援が行われた。実際のところ、九・一一事件を起こした犯人の中に、アフガニスタン人は一人もいなかった。また、ターリバーンも事件に直接的に関与したわけではない。しかしAQを匿ったことが問題視され、軍事介入を受けることになったのである。歴史を通じて、アフガニスタンは常に外部者による介入と干渉の客体であった。

2　アメリカ軍撤退と中国、ロシア、近隣諸国の台頭

アメリカの中東からの軍事的撤退

アフガニスタン情勢が周辺国に与える影響を見るには、俯瞰的に、アメリカが中東そのものから軍事的撤退を進めようとしている近年の趨勢を理解する必要がある。

一九九一年一月に始まった湾岸戦争を境に、アメリカは中東における軍事的プレゼンスを増大させた。ブッシュ（父）政権は、「砂漠の砂嵐作戦」に際して五〇万人以上の軍隊を投入した。その後のクリントン政権を経て、ブッシュ（子）政権下になると、アフガニスタン侵攻（二〇〇一年）に続いて、イラクのサッダーム・フセイン政権が大量破壊兵器を保有しているとの嫌疑を理由にイラク侵攻（二〇〇三年）に踏み切った。アフガニスタンでは最大時にアメリカ兵一〇万人以上が駐留し、イラクでも二〇〇七年には駐留軍兵力は一七万人を越えた。

その後のオバマ政権は、ネオコンサヴァティズム（いわゆるネオコン）と呼ばれる政治イデオロギーを軸にして策定されたリベラル介入主義を標榜する対外政策から、「後方から指導する」をモットーとする対外政策に移行し、中東への関与を次第に減らし撤退する方向に舵を切った。しかし、こうした「出口戦略」を模索する中、二〇一〇年末頃からアルジェリアを発火点とした民主化運動「アラブの春」が、エジプト、リビア、シリア、イエメンなどに波及した。こうした状況を受けて、アメリカはシリアやリビアに対する軍事介入を余儀なくされた。

しかし、アメリカ国内での厭戦感情の高まりや、巨額の戦費支出とリーマン・ショック（二〇〇八年九月）による財政事情の悪化などは、アメリカに対中東政策を変更することを強いた。また、シェール・オイル産業の始動によるアメリカ経済にとっての中東の重要性の低下、並びに、アジアへの重点的な資源配分などを要因として、アメリカは中東への過剰な軍事的関与を減らしてゆくことになった。

アフガニスタンからのアメリカ軍撤退も、こうした中東そのものからの撤退の流れの中に位置づけられる。実際のところ、バイデン大統領が撤退の判断要因として挙げたのは、アフガニスタンの国造りはアフガニスタン人にしかできないとの個人的信念、今やテロの脅威は拡散しておりアフガニスタンに限定する必要はないとの対テロ対策の視点に加えて、中国からの脅威に備える必要があるとの対中認識があった。

二〇二一年四月一四日のホワイトハウスにおける演説で、バイデン大統領はこう述べている。

我々は、日ごとに脅威を増す中国との厳しい競争に打ち勝つため、アメリカの競争力を強化しなければならない。我々は、同盟国との関係を強め、考えを同じくするパートナーと協力し、未来を形作るサイバー領域や新興技術を統御する国際規範が、民主的な価値を守ることを確実なものとする必要がある。

(White House, *Remarks by President Biden on the Way Forward in Afghanistan*, April 14, 2021)

同様の立場は、同年七月八日の演説でも繰り返されている。

我々はまた、将来を決定づけるであろう中国とその他の国(筆者注：ロシアが念頭に置かれていると思われる)との戦略的競争を念頭に、アメリカの核心的強靭性を強めることに注力する必要があるのだ。

(White House, *Remarks by President Biden on the Draw-*

down of U. S. Forces in Afghanistan, July 8, 2021)

図 16　2021 年 4 月 14 日，アメリカ軍の撤退を発表するバイデン大統領

つまり、アフガニスタンからのアメリカ軍撤退という判断は、アフガニスタンにおける当初の目的が達成されたということ以上に、米中対立という戦略的競争を念頭において下されたものということだ。アメリカと中国という巨大なプレートが蠢《うごめ》き、その震えによって地政学的要衝にあるアフガニスタン周辺がヒビ割れを起こし無辜の市民が暗部に落ちてしまったようにも映る。欧米と日本とインドなどが主導した国家建設が失敗し、これらの国々の影響力は低下した。これに伴って、アフガニスタンの今後は、中国、ロシア、および域内諸国の手に委ねられた。

それではターリバーン台頭は、周辺国に具体的にどのような影響を及ぼすのだろうか。

まず、アメリカ軍撤退を受けて、中国への影響を考えてみたい。中国とアフガニスタンは一九五五年に国交を樹立し、通商協定(一九五七年)、相互不可侵条約(一九六〇年)、および国境画定条約(一九六三年)を相次いで締結し、着実に友好関係の基礎を築いた。その後の戦乱期、両国関係は滞ったが、二〇〇一年一二月以降、関係は正常化された。しばらく中国の存在感が小さい時期は続いたが、二〇一四年末の駐留外国軍戦闘部隊撤収を控えて、二〇一二年頃から中国はアフガニスタンへの関与を増大させた。同年六月、両国は戦略的協力パートナーシップ協定を結ぶと、二〇一四年七月に中国はアフガニスタン担当特使のポストを新設し、外交重視の姿勢を示した。同年一〇月には、中国はアフガニスタン支援に関する「イスタンブール・プロセス」閣僚級会合を北京でホストし、アメリカ撤退後の「力の真空」を埋める姿勢を見せた。

中国は、ターリバーンとの関係構築にも積極的に乗り出した。二〇一五年七月にパキスタンの景勝地マリーで行われた、ターリバーンとイスラーム共和国との和平交渉に際しては、そこに至る信頼醸成措置を側面支援した他、交渉の場にも中国代表団が同席した。二〇一八年九月から本格化したカタールにおけるターリバーンとアメリカの和平交渉と並行して、中国はターリバーンとのチャンネル構築を図った。ターリバーンがカーブルを陥落させる直前の二〇二一年七月二八日、中国の王毅外相は、ターリバーンのバラーダル副指導者と天津で会談した。また、ターリバーンが実権を掌握した後の一〇月二六日にも、両名は会談している。

中国は、複数の思惑を念頭に対アフガニスタン関係を捉えていると見られる。第一に、地政学的に重要なアフガニスタンにおける自国の関与を強めることで、南西アジア、および中央アジア地域全体に影響力を浸透させようとしていると考えられる。米中対立が先鋭化し、台湾有事も想定される状況下、西側で国境を七六キロメートル接するアフガニスタン領内の混乱は中国共産党にとって深刻な脅威である。中国にとっては、どのような形であれ、アフガニスタン国内が秩序を取り戻すことが自国の安全保障上の優先事項である。

第二に、中国は、東トルキスターン・イスラーム運動(ETIM)を主体とするウイグル族の民族独立派勢力が「テロ」活動を活発化させることを懸念し、その分野での協力をターリバーンから得たいものと見られる。二〇一三年一〇月に天安門広場で発生した自動車突入事件を引き合いに出すまでもなく、ウイグル分離独立運動は中国の核心的利益を脅かす問題である。このため中国にとって、ターリバーンがアフガニスタンの領土を国際テロ組織に使用させないことは重要である。なお、ETIMは実態を持った武装組織なのか、つまりプロパガンダの一環として名指しされるだけではないかとの疑問も呈されている。

第三に、中国は、アフガニスタンにおける豊富な天然資源を目的として、経済・投資面での利益を重視していると見られる。ターリバーン実権掌握以前より、中国は二〇〇七年一一月から中央部ローガル州のアイナク銅山開発を進めてきた他、二〇一二年一〇月に北部のアム河流

図17　2021年7月28日，ターリバーンのバラーダル副指導者と中国の王毅外相の会談

域で原油採掘を開始するなど、鉱物・原油の採掘に積極的に投資してきた。治安リスクもあり、これらの投資案件は、実際にはその見返りを生むまでには至っていない。しかし、二〇二一年一一月初旬に、中国企業五社の代表団が特別ビザを取得し、アフガニスタンに埋蔵されるリチウム開発に向けた実地調査を行うなど、具体的な検討に入っている(*Global Times*, November 23, 2021)。

もっとも、中国とて「帝国の墓場」として名高いアフガニスタンが難しい国だということは充分に承知しているはずである。中国は対外政策において、①領土・主権の尊重、②不侵略、③内政不干渉、④

平等・互恵、⑤平和共存から成る「平和五原則」を掲げてもいる。アフリカでの政府開発援助の動向や、中国が提唱する大経済圏構想「一帯一路」を進める中で各国が「債務の罠」に陥る状況を見ても、中国は被支援国に対して巨額の有償支援をはじめとする経済的利益を与えることで、自国の影響力の増大を企図している。アフガニスタンにおいても、民族間の和解など、政治的に機微な問題に首を突っ込むことには慎重な姿勢を取るものと見られる。

総じて、ターリバーンが統治するアフガニスタンがどのような形であれ安定を取り戻すよう、中国は後ろ盾となりながら見守りつつ、経済的利益と「テロ」対策を念頭に対外関係を取り結んでゆくことになると考えられる。ターリバーンとしても、現時点で政府承認をする国がない中、中国からの政治的・経済的支援は歓迎であろう。

ロシアへの影響——イスラーム過激派対策中心

次に、アメリカ軍撤退を受けてのロシアへの影響について、ロシアが最も警戒するのはイスラーム過激派思想がムスリムが多数を占める中央アジア諸国に浸透し、ロシア本土の安全を脅かすことだと考えられる。近年を振り返っても、ウズベキスタン、キルギス、タジキスタンにまたがるフェルガナ盆地がウズベキスタン・イスラーム運動(IMU)などのテロの温床となり、治安の不安定化をもたらした経緯がある。

ロシアとアフガニスタンの歴史的関係は深い。現在でも、アフガニスタンの国土の中央部と北部とを結ぶ要衝であるサラング峠にあるトンネルやカーブル国際空港周辺の住居群やいくつかの省庁に代表されるように、ソ連の援助で建設されたインフラが多数残っている。これらが物語るように、立憲君主制下のアフガニスタンは、ソ連と深い政治・経済関係を取り結んでいた。ソ連が軍事侵攻をした経験から、ロシアはイスラーム共和国に対する軍事援助には慎重な対応を見せてきた。その一方、ロシアはターリバーンと水面下で関係を維持・拡大させてきた。二〇一八年一一月、および二〇一九年二月には和平交渉に向けた信頼醸成のためのモスクワ会合をホストし、ターリバーンとイスラーム共和国の代表団を招待して協議させた。

ターリバーン実権掌握後も、二〇二一年一〇月二〇日、ハナフィー副首相代行率いるターリバーン代表団と、中国、イラン、インド、カザフスタン、キルギス、タジキスタン、トルクメニスタン、およびウズベキスタンの代表団を招待し、ターリバーンが事実上の権力を担っている「新しい現実」を認識する必要性を参加国間で確認した。中国と並び、ロシアはターリバーンの「後見人」として、ターリバーンの自立を側面支援する可能性が高い。

こうしたイスラーム過激派対策に加えて、ロシアにとっての懸念として、中央アジア経由で麻薬密輸が増大することも挙げられる。国連薬物犯罪事務所の報告によれば、二〇二〇年を通じてのアフガニスタンでのケシ栽培作付け面積は二二万四〇〇〇ヘクタール、農場出荷価格は約三億五〇〇〇万ドル（約四〇〇億円）に達する。これは、世界全体で見ても、アフガニスタンが最大のケシ産出地であることを示している。麻薬流入、不法な人身・武器売買などは、中央アジアとロシアの安全保障に直接影響を与えることから、ロシアは今後もターリバーンとの協力関係を続けると考えられる。

隣接諸国への影響——パキスタンとイランと中央アジア諸国

パキスタンはターリバーンを背後から支援してきたといわれ、ターリバーン実権掌握が同国に与える影響は大きい。「戦略的縦深」の考えの下、自国の西側に親パキスタン政権を樹立させようとしてきたパキスタンにとり、二〇二一年八月に起こった出来事は正しく勝利と呼べるものであった。インドとの間で係争を抱えるカシミール地方の領有をめぐっても、パキスタンは自国の影響を及ぼすことができる武装勢力の潜伏地を確保できたという意味で、優位に立つ一歩だったといえる。

アフガニスタン情勢がパキスタンに及ぼす影響を評価するうえで、興味深いのはパキスタン・ターリバーン運動(TTP)をめぐる動きである。二〇二一年一一月九日、TTPは、パキスタン政府と一カ月間の一時停戦に合意した。TTPは、パキスタン政府の打倒と、パキスタン領内でのイスラーム的統治の実現を目指す、ターリバーンに忠誠を誓う武装組織である。一時停戦に向けた協議は、アフガニスタン南東部ホースト州で行われ、仲介したのはターリバーンのスィラージュッディーン・ハッカーニー内相代行であった。ターリバーンとしては、パキスタン政府とTTPの和平交渉の仲介を通じて、自派の影響力を誇示し、和平に貢献したことをアピールして国際的な地位の向上(すなわち政府承認)につなげたいものと考えられる。この事例は、ターリバーン実権掌握がパキスタン領内に与えた好影響の例といえる。但し、これはあくまでも一時的な停戦合意であって、今後、治安が悪化する方向に逆転する恐れもある点には留意が必要である。

否定的な影響という点では、アフガニスタン難民がパキスタン領内に押し寄せることが挙げられる。ターリバーン統治が始まったことで、報復や処刑を恐れる人々は近隣諸国への脱出を試みている。パキスタン領内にも多くの難民が流入しており、これは過去四〇年間にわたって難民受け入れをしてきたパキスタンにとって更なる負担となる。

西側の隣国イランは、ターリバーンと複雑な関係をたどってきた。一九九八年の北部マザーリシャリーフにおけるイラン人外交官殺害事件を経て、イランとターリバーンの関係は悪化した。当時、イランは軍をアフガニスタン国境付近に派遣し、一触即発の事態に陥った。国連の外交努力によって軍事衝突は回避されたものの、暫くの間、双方の関係は冷え込んだ。

しかし、イスラーム共和国成立以降、イランとターリバーンは「地域からのアメリカ軍の駆逐」という共通の目標の下に次第に距離を縮めた。もとより、イランは「イスラーム法学者による統治」を掲げ、被抑圧民の救済を信条に、ウンマを外敵から護ることを大きな目標としており、シーア派以外の勢力とも連携してきた。パレスチナ・イスラーム聖戦やハマースなどとの関係は、その代表例である。つまり、イランは宗派・教義を越えて、スンナ派武装勢力とも協力関係を結ぶことができ、ターリバーンとのチャンネルも着実に築いてきた。二〇一九年一一月には、イランのザリーフ外相(当時)がテヘランで、ターリバーンのバラーダル副指導者と会談し、外務省サイトでも公表するなど、何ら隠すこともなく関係強化を図った。

ターリバーン実権掌握後も、イランのホラサーネ・ラザヴィー州知事が二〇二一年一〇月五日にはカーブルを訪問し、ターリバーンと貿易関係について協議するなど関係継続を望む姿勢を見せた。近年、イランはパキスタンに取って代わり、アフガニスタンにとって最大の輸入相手国となっている。こうした経済関係に加えて、イランはISKPによるシーア派コミュニティへの攻撃を抑え込む点でターリバーンと共通の利害を有する。パキスタンと同様、難民流入や人身・武器売買の影響も想定されることから、イランはこれらを念頭に置きながらターリバーンと良好な関係を築こうとすると見られる。

また、北に接する中央アジア諸国への影響も想定される。特に、ウズベキスタンは、二〇二一年一〇月一六日にはウムルザーコフ副首相がターリバーンのハナフィー副首相代行と会談するなど、政府承認はしないながらも、実践的な関与を開始した。この会談では、投資、連結性強化、人道支援、電力プロジェクト、難民支援、および鉄道建設などについて協議された。ウズベキスタンは、アフガニスタンに対する電力供給国の一つであり、ターリバーン代表団に対して当面電力の供給を停止しないと伝えたという（*Tolo News*, October 17, 2021）。また、両代表団は、テルメズ―マザーリシャリーフ―カーブル―ペシャーワル鉄道の建設で基本合意を交わした。これも、近隣諸国がターリバーンと現実的に対応する事例の一つである。

一方、中央アジア諸国の中でも、ターリバーンとの間で問題を抱える国もある。タジキスタンは、二〇二一年九月二日に故マスード司令官（タジク人）に勲章を授与した他、九月一七日には上海協力機構首脳会議でラフモン大統領が「ターリバーン暫定内閣は独占的だ」と発言して、ターリバーンから反発を買った。元々、一九九〇年代にも、タジキスタンは民族的紐帯から、ターリバーンと敵対する北部同盟を支援していた。事態は沈静化しているが、ターリバーンとタジキスタンとの関係は必ずしも良好ではない。

地域諸国への影響――カタール、トルコ、UAE、サウジアラビア

アフガニスタンの政変が、地域諸国に与える影響も小さくない。特筆すべきは、ターリバーン政治事務所の開設を二〇一三年に認めたカタールである。近年、アメリカ・ターリバーン間の和平交渉をホストするなど、カタールはターリバーンに対する影響力確保に努めてきた。イスラーム共和国が事実上崩壊したことを受けて、カタールはターリバーンに強い影響力を有する数少ない国の一つとして大きな外交的梃子を持つことになった。二〇二一年九月一二日にはカタールのムハンマド・ビン・アブドゥルラフマーン副首相兼外相がカーブルを訪問し、ターリバーンのハサン・アーホンド首相代行と会談するなど素早い動きを見せた。

同時に、カタールはターリバーン幹部がカーブル入りする兵站支援をした他、カーブル国際空港の再開に向けた技術的支援も行った。さらには、アメリカやドイツなどの閣僚が、ターリバーンに対して持つ影響力を期待して「カタール詣《もう》で」を相次いで行うなど、その存在感は急速に増している。日本政府もトルコに一度置いた臨時事務所をカタールに移すなど、カタール

を重視している。このように、カタールは、ターリバーンと民主主義諸国との間の橋渡し役を担う様相を呈している。

ターリバーン実権掌握以降に存在感を増したもう一つの域内諸国に、トルコがある。トルコは、ISAF派遣国でもあり、これまでも一定の存在感を示していた。しかし、最近になり、カタールとともにカーブル国際空港の運用管理に名乗りを上げるなど、積極的な関与を見せ始めている。二〇二一年一〇月一四日には、トルコは、ターリバーンのモッタキー外相代行を招待し、チャヴシュオール外相が対応するなど、ウズベキスタンなどと同様の実践的関与を始めた。同会談で、チャヴシュオール外相はモッタキー外相代行に対し、イスラームにおける男女平等な教育へのアクセスについて助言するなど、イスラーム教国ならではの関係作りをしている点が特徴的である。

ターリバーンは、新政権のお披露目式に、中国、ロシア、パキスタン、イラン、カタール、トルコの代表者を招待したと報じられてもいた。その後、各国が参加に難色を示したためか、お披露目式はキャンセルされた（『朝日新聞』二〇二一年九月一一日）。この一事を見ても、ターリバーンはここで挙げた国々を重要なパートナーとみなしているということだろう。

また、第一期ターリバーン「政権」時代に国家承認したUAEも、アフガニスタンへの隠然とした影響力を見せている。UAEは、ガニー大統領とその家族を人道的観点から歓迎したとの声明を発出し(二〇二一年八月一八日)、同大統領が国内に滞在していることを認めた。UAEは、ターリバーンの政府承認を留保しているが、二〇二一年一一月二〇日には在アフガニスタン大使館業務を再開させている。

UAEと同じく過去に国家承認したサウジアラビアは様子見の姿勢を保っているが、同年一一月三〇日に在アフガニスタン大使館の領事業務を再開させるなどの動きを見せている。サウジアラビアとしては、ターリバーンがAQと関係断絶をするかどうかといった具体的な行動を見極めることになるだろう。

なお、アメリカも関与を止めたわけではない点には留意が要る。アメリカは一〇月九〜一〇日にはウェスト和解担当特別副代表率いる代表団をカタールに派遣し、ターリバーン代表団との折衝に当たらせた。同代表団には、CIAや米国国際開発庁(USAID)高官も同行したことから、今後のテロ対策や人道・民生支援のあり方について議題に挙がったと見られている。

欧州、日本、およびインドもアメリカと同様に、政府承認を控えながらも、人道支援を中心とした実践的な関与を続けている。これらの中では、今後、インドの出方は特に注目を要する。一九九〇年代、インドはパキスタンによる影響力拡大を抑えるため、背後から北部同盟を支援していた。将来、もしもインドが、北部同盟の系譜を汲むNRFへの支援に動けば、アフガニスタンが再び印パ代理戦争の舞台の様相を呈することになる。また、インドは、イラン南東部スィースターン・バローチスターン州のチャーバハール港開発に関し、イラン、アフガニスタンとの三国協力を進めてきた。このため、インドの対アフガニスタン政策の展開を見極めることが重要である。

3　域内パワーバランスの変容がもたらす影響

中国の「一帯一路」と「自由で開かれたインド太平洋」構想

アメリカ軍撤退を受けて、アフガニスタンの対外関係の重心が中国、ロシア、および域内諸国に移行した。こうした域内パワーバランスの変容によって、様々な波及効果が見込まれる。

その一つが、中国による「力の真空」を埋める動きである。このことは、点ではなく面で考えるとわかりやすい。前述のとおり、中国は抑制的にターリバーン暫定政権との関係を構築・維持すると考えられるが、アフガニスタンからのアメリカ軍撤退を受けて、周辺のパキスタンとイランにおいても影響力を浸透させる可能性がある。既に、パキスタンでは、中国・パキスタン両国の間での歴史的友好関係を土台として、中国は一帯一路関連事業の実施において圧倒的な存在感を見せつけている。

筆者は二〇一九年三月に、中国が一帯一路の旗艦事業として進める中国・パキスタン経済回廊(CPEC)の玄関口であるグワーダル港開発を調査するため、パキスタン南部の港町カラチを訪問した。滞在中、一帯一路について目にする機会が頻繁にあった。空港に到着してすぐに目に飛び込むのは中国企業の広告であり、現地紙でも連日CPECについて報じていた(他方で、日本が提唱する「自由で開かれたインド太平洋(FOIP)」について目にする機会は一度もなかった)。研究発表のために訪れたシンド大学極東・東南アジア地域研究所では、中国の孔子学院が開講する中国語コースの看板が目立っていた。滞在を通じて、パキスタンは中国の強い影響下に置かれた。

加えて、イランも欧米との関係悪化を背景に、中国と関係を深めている。アメリカのトランプ大統領が二〇一八年五月にイラン核合意から一方的に離脱し、厳しい経済制裁を科したことで、イラン・アメリカ関係は悪化した。金融・原油取引の制限によって、イラン財政は逼迫し、国民生活は困窮した。こうした中で、核合意への条件付復帰を掲げるバイデン大統領の就任を受けて、二〇二一年四月からイランはアメリカとの間接交渉をウィーンで始めたが、交渉は難航している。

ハーメネイー最高指導者はウィーン協議に臨む一方で、国内生産体制の増強と近隣諸国との貿易拡大を通じた抵抗経済の確立を目指し、とりわけ中国を重視している。二〇二一年三月には、イランは中国との二五カ年包括的協力協定を締結した。この協定では、イランが原油輸出を通じた外貨獲得を得る一方で、中国は一帯一路事業をイラン国内で実施することができ、互恵関係が築かれた。同年九月には、上海協力機構首脳会議でイランの正式加盟が認められた。両国は思惑を一致させ、急速に接近している。

図18　パキスタン・シンド大学にて開講される孔子学院の講義(2019年3月19日)

こうした中東と南西アジアの結節点に位置するアフガニスタン、パキスタン、およびイランの動向は、日本の外交・安全保障政策にも多大な影響を与えている。日本は、アメリカ、オーストラリア、インドとともにFOIP構想を推進している。同構想は、普遍的価値(基本的人権、法の支配、民主主義など)を普及させることを掲げ、

図19　インド，イラン，アフガニスタンの3カ国協力で進むイラン・チャーバハール港開発(2018年2月13日)

アジア太平洋にとどまらずインド洋までをも包含した広大な地域で連結性強化などに取り組んでいる。表向き、ＦＯＩＰ構想は中国の一帯一路への対抗措置ではない。しかし、ＦＯＩＰ構想は「力による現状変更の試み」を抑えることを念頭に置くと考えられ、南シナ海や東シナ海における中国の拡張主義的な行動や、ロシアによる対ウクライナ政策などを考慮に入れているだろう。だとすれば、アフガニスタンを含めたこれら諸国でＦＯＩＰ構想が普及しないとすれば、日本の安全保障を考えると打撃となる。

この意味では、ターリバーン台頭に伴う域内パワーバランスの変容は、隣国、地域諸国に留まらず、日本を含む国際社会に大きな影響を与えることになる。

異なる価値体系の相克

もう一つの深刻な影響は、価値体系の相克に現れている。アメリカ、ＩＭＦ、および世界銀行は、ターリバーンが包摂的な政権を築いていないことや、女性の権利保障に問題を抱えていることを理由に、ターリバーン実権掌握後、アフガニスタンの資産を凍結している。これらは普遍的価値を護ることを名目として、民主主義諸国によってなされているものである。

しかし、ターリバーンの思想体系はこれとは大きく異なっている。ターリバーンはシャリーアに従うことを行動原理の礎にしており、例えば、民主主義諸国が普遍的と考える「基本的人権」とターリバーンが解釈する「人権」とは異なる場合がある。その場合、外部者が信ずる価値を一方的に押し付けるのかどうかは、真剣に議論されるべき問題である。過去二〇年間民主化支援が成功しなかったことを踏まえれば、アフガニスタンの宗教や文化や慣習に即した国造りを進める必要がある。一方で、現地流だからといって、ターリバーンによる報復や女性の権利侵害を容認してよいわけではない。

アフガニスタンをめぐって、全く異なる価値体系が衝突している。この問題が根本的に解決するということは、少なくとも近い将来にはないだろう。国際社会はターリバーンを政府として認められない、しかし人道支援は続けなければならないというジレンマに直面しつつ、傷つけ合わない程度に共存する叡智を編み出さなければならない。この意味において、アフガニスタンにおける政変は、表層的な問題だけではなく、現代の人類にとってより深遠で根源的な問題を我々に突きつけている。

第六章　「テロの温床」化への懸念

アメリカへの攻撃を意図したアル＝カーイダと「イスラーム国」の再結成は、「非常に現実的な可能性」である。統治が及ばない空間での諸活動を含むそのための条件は、今後一二カ月から三六カ月の間に現れる可能性がある。

――ミリー米統合参謀本部議長、米上院武力行使委員会、二〇二一年九月二八日

1　ターリバーンと国際テロ組織

ターリバーンの目標認識から見た他国への脅威は限定的

アメリカがアフガニスタンに軍事介入したのが九・一一事件の反動であったことを踏まえると、今後、アフガニスタンが再び「テロの温床」化するか否かを見極めることが国際社会の平和と安定にとっての鍵である。ターリバーンが実権を掌握したアフガニスタンが、将来、国際テロ組織の策源地となる危険性はどれくらい高いのだろうか。

そもそも、ターリバーンは一九九〇年代に無秩序状態に陥った祖国を救うために生まれた政治運動であった。このため、ターリバーン自らが国外に打って出て、脅威を拡散させる姿は俄かに想像しにくい。二〇〇一年以降もターリバーンは、①外国軍の放逐、②イスラーム的統治の実現の二点を、公式目標として堅持してきた。カーブル陥落を経て国の統治主体の側に立ったターリバーンは、既に目標①を達成しており、今後は目標②の実現に向けて、内部の問題を抱えながらも、邁進すると考えるのが妥当である。その具体的な中身は、治安の安定化、および行政サービスの再開を通じた民心掌握といったことだ。したがって、ターリバーンが思い描く「版図」は、原則的に、アフガニスタン国内に限定されている。

しかし、これはあくまでも外側の聴衆向けの説明であり、実際にはターリバーンとAQは密接な関係を維持してきた。AQ以外にも、合計二〇以上の国際テロ組織が、アフガニスタンに潜伏していると見積もられている。これら国際テロ組織が、アフガニスタン国内で力を蓄え、他国に危害を及ぼす危険性は決して消失していない。

アル＝カーイダとの協力関係の変遷

AQは、ソ連軍のアフガニスタン侵攻中にジハードに参加していたビン・ラーディンとその同志たちによって一九八八年に結成された。ビン・ラーディンはソ連軍撤退後の一九八九年にサウジアラビアに帰国したものの、サウジアラビアは自国の政策に対して批判を強めるビン・ラーディンを国外追放した。一九九一年の湾岸戦争に際して、サウジアラビアが、アメリカ軍の駐留を認めたことに反発したのである。これを受けて、ビン・ラーディンはスーダンに渡り、一九九六年にはアフガニスタンに本格的に拠点を移すことになった。

一九九六〜二〇〇一年までのターリバーンとAQは、互いに得るものがある利益重視の関係にあった。ターリバーンの観点からしてみると、国際社会から国家承認を受けられずに財政が逼迫する状況の中にあって、潤沢な資金と武器を供与してくれるアラブ勢力は歓迎すべき存在であった。ターリバーンは、ビン・ラーディンに対してカーブル市内に住居を与え、一九九七年には南部カンダハールでの住居をあつらえた。一方のＡＱにとっては、サウジアラビアやスーダンから追い出された状況にあって、アフガニスタンが世界で唯一残った出撃基地となっていた。ＡＱのメンバーは、ターリバーン兵士に対して恒常的に、米、小麦、油、豆、および毛布やガソリンなどの高価な越冬用備品などを供与して歓心を買っていたという。ビン・ラーディンは対ソ連戦を義勇兵として共闘する中で、現地の言葉こそわからないものの、ターリバーンとの付き合い方を熟知していた。ビン・ラーディンはムッラー・ウマルとその側近に対して、手始めに車両を複数台提供するなどした(Linschoten and Kuehn, *An Enemy We Created*)。

もっとも、ＡＱは、アメリカとヨーロッパを、「二大聖地の守護者」たるサウジアラビアに軍を派遣する「占領者」だと認識しており、欧米に対するジハードを目論んでいた。この点において、ＡＱとターリバーンとの目標認識の間には大きな乖離があった。少なくともターリバーンの構成員にとり、サウジアラビアにおける「占領」は重大な関心事項ではなかった。ターリバーンとＡＱは表面的には友好関係を築いていたが、「真の友人」とはなり得なかった。

一九九八年八月、ＡＱはタンザニアとケニアのアメリカ大使館に対してテロ攻撃を仕掛け、合計三〇〇人近くが死亡する大惨事を引き起こした。これを受けて、アメリカは巡航ミサイル数十発をアフガニスタン東部と南東部にあるAQの訓練キャンプに発射した。日に日に、欧米からターリバーンに対する、ビン・ラーディン身柄引き渡し要求は強まった。しかし、ターリバーンにとってビン・ラーディンは客人であり、イスラーム教の観点からも、部族慣習法パシュトゥーン・ワリーの観点からも第三者に引き渡す選択肢は取り得なかった。国際社会におけるターリバーンの孤立は深まっていった。

図20　ウサーマ・ビン・ラーディン

ムッラー・ウマルをはじめターリバーン指導部の中には、AQ思想に感化され本来の目標認識を越えた「夢」を見る者も現れた。一九九八年当時、ターリバーンからの攻勢に抵抗を続けた北部同盟のマスード司令官は、ムッラー・ウマルがある日電話をかけてきて、「われわれの目的は中央アジアを席巻することにある。黙って中央アジアへの道を開けてくれれば一切攻撃はしない」と伝えたという（髙橋博史『破綻の戦略』一九二頁）。当時のターリバーンは、クレムリンにカリフ制国家の旗を立てることを本気で夢想していたようだ。九・一一事件の二日前、ジャーナリストを名乗るアラブ人二名が、マスード司令官を自爆攻撃によって暗殺した。ターリバーンとAQは、歩みを一つにして、タイトロープを渡り始めていた。

殉教者作戦（自爆攻撃）の流入

二〇〇一年一二月にターリバーンが権力の座を追われた後、ターリバーンとAQの関係は、時を置いて徐々に再構築された。例えば、ターリバーン内部で軍事部門を取り仕切っていたムッラー・ダードゥッラーは、二〇〇七年四月に行われ翌五月に配信された「アル＝ジャジーラ放送」のインタビューで、「彼（筆者注：ビン・ラーディン）は、常日頃から我々（筆者注：ターリバーン）と接触している」と述べるとともに、「イラクのムジャーヒディーンは兄弟であり、いつも連絡を取り合っている。我々は同じ目標を共有している」と発言している（*Al Jazeera*, May 13, 2007）。

こうしたターリバーンとAQとの密接な関係を推し量るうえで興味深い事例は、殉教者作戦

（自爆攻撃）のアフガニスタンへの流入である。アフガニスタンにおいては、一九七九年のソ連軍侵攻に始まり、一九九〇年代の内戦の時代に至っても、自爆攻撃という手法は一切用いられてこなかった。現代のアフガニスタンで自爆攻撃が使用されるようになったのは、前述のアラブ人テロリストによるマスード司令官の暗殺事案が最初だといわれる。長らくアフガニスタンで禁忌とされた自爆攻撃は、二〇〇一年以降、時間の経過とともに増加傾向を見せた。二〇〇六年には年間一四〇件以上の自爆攻撃が発生した（Williams, "Suicide Bombings in Afghanistan"）。

アフガニスタンで自爆攻撃が行われるようになった背景には、イラクからの影響がある。イラクからアフガニスタンに「帰還」した外国人戦闘員は、ターリバーン兵士を訓練し、自爆攻撃はクルアーンによって正当化されると説き、これを推奨した。筆者は二〇一二年一〇月、西部ヘラート州で、パキスタン国内で自爆攻撃要員になるために育成され、のちに洗脳から解けた若者にインタビューした。当時まだ年齢は一〇代だった同人物は、パキスタン西部の街クエッタに連行され、意識が朦朧《もうろう》とする「お茶」を飲まされた後に、異教徒に対して自爆攻撃を行い殉教すれば天国に行けると繰り返し洗脳されたと語った。訓練は一カ月程度のものもあれば、もっと長いものもあったという。教育に当たったのは外国人だったという。その後、訓練の合間を縫って第三者の仲介があり逃げ出すことに成功し、父親が二カ月かけて元に戻してくれたという。かくして、ターリバーンはAQと表裏一体の関係を維持・拡大し、自爆攻撃も厭《いと》わない軍事組織となった。

ターリバーンが自爆攻撃を正当化した論理は、ジハードから説明される。本来、自殺はイスラーム教においても、パシュトゥーン・ワリーにおいても禁じられている。しかし、異教徒が祖国を「占領」する状況に直面し、ジハードが宣せられている中にあっては、何にも代えてジハードに参加しなければならない。

世界第一位の軍事力を誇るアメリカ軍に対して、ターリバーンは自動小銃を抱えるだけのゲリラ兵であり、軍事的劣勢は明らかである。そこで、ターリバーンは、アメリカ軍による空爆や夜襲攻撃への抵抗の手段として、いわば比例原則に基づき、自爆攻撃を採用した。一九世紀に大英帝国軍がアフガニスタンに攻め入り、アフガニスタン人を不当に拘束したことに対して、アフガニスタン人は外国人とその家族の誘拐によって対抗した。ジハードとバダル(復讐)の考えが、この背景にはあった。

もっとも、その正当化の論理がどのようなものであれ、ターリバーンが攻勢を仕掛ける過程では、彼らが掲げる大義とは裏腹に、巻き添え被害により多数の民間人が死傷した。

ドーハ合意に対するターリバーンの立場とその含意

このように、ターリバーンとAQは事実上関係を今日まで維持しており、テロの脅威を過小評価することはできない。最近まで、アフガニスタン国内では、イスラーム共和国治安部隊の軍事作戦により、AQの属州「インド亜大陸のAQ」幹部のアブー・モフセン・ミスリー殺害(二〇二〇年一〇月)や、アブー・ムハンマド・タージキー殺害(二〇二一年三月)をはじめ、多数のAQ構成員の殺害が確認されてきた。AQ構成員の中には対ソ連戦以来、アフガニスタン国内に留まって現地の女性を娶り、現在まで生活を続けているものも少なからずいる。したがって、両者の関係断絶は容易でなく、また根深い問題である。

とはいえ、ターリバーンは二〇二〇年二月二九日にアメリカと締結したドーハ合意に基づき、国際テロ組織にアフガニスタンの領土を使用させないことを明言している。バイデン大統領就任後の二〇二一年二月一六日にターリバーンが発出した「アメリカ国民への公開書簡」には、こうある。

アフガニスタン・イスラーム首長国は、アフガニスタンの領土を他国の安全を脅かすために使わせないことを公約した……(中略)……ドーハ合意締結から一年が経った現在、我々がアメリカ側に求めることはドーハ合意の遵守である。

(Emārat-e Islāmī-e Afghānistān, *Sedā-e Jihād*, February 16, 2021)

ターリバーンはこれ以外にも、ドーハ合意を遵守する立場を声明において繰り返し主張している。こうした背景には、アメリカ軍の撤退を二〇二一年五月に控える中で、アメリカに合意を反故にさせないようにしたいという思惑もあっただろう。しかし、ターリバーンによる実権掌握後も、「アフガニスタンの領土を他国に危害を加えるために使用させない」「ドーハ合意を遵守する」「他国の内政に干渉する意図はない」といった発言は、ターリバーン幹部から幾度も述べられてきた。したがって、ターリバーン指導部は、少なくとも表向きは、ドーハ合意遵守を貫くと考えられる。

国連安全保障理事会に提出された二〇二一年七月のモニタリング報告書によれば、ＡＱはアフガニスタン一五州で活動を続けており、「インド亜大陸のＡＱ」はターリバーンの庇護の下で南部カンダハール州、ヘルマンド州、およびニムルーズ州にて活動しているという。また、同報告書によると、ＥＴＩＭはＡＱと連携し、数百人の戦闘員を擁しながら、北東部バダフシャーン州や北部ファーリヤーブ州に潜伏している。同年八月下旬には、ＡＱ幹部が東部ナンガルハール州に戻る様子が、ソーシャルメディア上で流布した。AQは、アフガニスタンに依然として潜伏していると見て間違いない。ターリバーンは表向きテロ対策を講じると声高に主張している。しかし、アフガニスタンを国際テロ組織の潜伏地とするようならば、外部者からターリバーンとAQは同一のものだと認定されても弁解の余地はない。アフガニスタンが再び「テロの温床」となるか否かは、ターリバーンが言行を一致させられるか、にかかっている。

2 「イスラーム国ホラーサーン州」が投げかける脅威

属州設置の経緯

AQに加えて、ISKPが投げかける脅威も深刻である。土着の政治運動としての側面を持つターリバーンと異なり、ISはウンマの指導者としての立場を主張し、国民国家の概念には囚われずカリフ制の再興を目指す、いわばアフガニスタンにとっては「異物」とも言える存在である。

ISKPは、二〇一五年一月一〇日にハーフィズ・サイード・ハーン元TTPオラクザイ管区司令官を含む元メンバーらがISに忠誠を誓い、それをISが同二六日に受け入れたことで、

図21　「イスラーム国ホラーサーン州」の設立当時の映像

属州として活動を開始した。二〇一四年一〇月にＴＴＰを離反した元幹部六名らが中心メンバーとして参画していたことから、パキスタン人とアフガニスタン人の混成組織であることがわかる。「ホラーサーン」とは、イランとアフガニスタンやトルクメニスタンの一部を含む地域一帯を指す歴史上の呼称である。

ＩＳＫＰが出現した背景の一つに、当時、パキスタンで行われていた軍事作戦の影響がある。二〇一〇年三月にパキスタンのオラクザイ管区とクラム管区で始まった軍事作戦や、二〇一四年六月から北ワジリスタン管区で開始された軍事作戦「アズブの一撃」、同年一〇月からハイバル管区で行われた軍事作戦「ハイバル１」とそれに続く「ハイバル２」によって、パキスタン連邦直轄部族地域（ＦＡＴＡ）から撤退を余儀なくされたＴＴＰ、ＡＱ、ＩＭＵ等のイスラーム過激派メンバーが行き場を失い、国境を越えてアフガニスタン領に流入した。多くが難民としてシェルターや食料を求めてのことだった。

とりわけパキスタンと国境を接するアフガニスタン東部ナンガルハール州にこれらの勢力が多く流れ込み、山間の荒野に位置し外部者から攻略しづらく、またパキスタンのティラー渓谷への利便性が高くて武器や資金が運搬しやすい同州アチン郡に活動拠点を築き始めた。ISKPは、パキスタン軍部とつながりがあると見る向きもある。

IS本体としても自らのイメージを拡張するための広報・宣伝戦略の一環として、属州設置を積極的に行った。二〇一四年末の駐留外国軍戦闘部隊の撤収による「力の真空」、ターリバーン指導部の求心力の低下、イランの後背地の確保、アフガニスタンの天然資源・麻薬利権、中央アジア進出の布石なども出現の要因として挙げられる。これらを遠景として、ISKPはアフガニスタン国内で大規模なテロ事件を引き起こすようになった。

ISKPの脅威に対し、アメリカ軍とイスラーム共和国軍は軍事作戦で対抗した。二〇一五年二月にはムッラー・アブドゥルラウーフ・ハーディムISKP副司令官(元ターリバーン州知事)が殺害された。また、二〇一六年七月にアメリカ軍特殊部隊の空爆によりハーンISKP司令官も殺害された。その後、二〇一七年四月にはアメリカが保有する非核兵器では最大の

「大規模爆風爆弾(MOAB)」が投下され、ISKP戦闘員、および施設が破壊されたことは記憶に新しい。

立て続けに攻撃を受けて、ISKPは、二〇一八年八月には北西部ジョウズジャーン州で、二〇一九年一一月には主戦場だった東部ナンガルハール州で実効支配領域を喪失し、組織は弱体化した。しかし、弱体化したとはいえ、ISKPは指導者を変えつつ大規模、かつ衆目を集める攻撃を実行し続け、アフガニスタン国内では無視できない存在であり続けた。

ターリバーン実権掌握後も、北東部クンドゥーズ州のシーア派モスクに対する自爆攻撃(二〇二一年一〇月八日)、南部カンダハール州のシーア派モスクへの自爆攻撃(一〇月一五日)、カーブル軍病院の襲撃事件(一一月二日)、およびハザーラ人居住地区のダシュテ・バロチー地区でのシーア派教徒に対する攻撃を累次《るいじ》にわたって敢行した。

ISKPの標的は、彼らが「異端」とみなすシーア派住民等が多く、活動領域はアフガニスタン・パキスタン国内が多い。この意味では、IS自体は世界各地でテロを引き起こす危険性を孕んでいるとはいえ、ISKPは地域限定的に活動しており、ローカルなテロ組織がリブランディングしたものともいえる。

ターリバーンとの対立関係

ＩＳＫＰは、ターリバーンに対する攻撃を強めている。この背景には、ターリバーンとＩＳＫＰの指導者レベルにおける対立関係がある。ターリバーンのＩＳに対する公式な立場は、二〇一五年六月一六日に自らのホームページ上に公開した書簡に述べられている。

同書簡は、アフガニスタンの地では「イスラーム首長国」の旗印の下でしか活動すべきではないと主張しており、ＩＳに対して戦列を乱すことの危険性への注意を促し、アフガニスタンという地に新規参入したＩＳを強く牽制する内容となっている。競合関係を背景に、これまでにターリバーンとＩＳＫＰとの間での交戦も報じられている。

もっとも、指導者レベルの対立が必ずしも全体像を表すわけでもない。末端の戦闘員が、資源が潤沢な組織に鞍替えすることは常にあり得ることだからだ。例えば、ターリバーン、ＩＳＫＰ、およびＴＴＰの間で、戦闘員が行き来している可能性はある。国連安全保障理事会に提出された二〇二一年六月のモニタリング報告書は、アフガニスタン政府の信用を失墜させるため、ターリバーン内の強硬派ＨＱＮとＩＳＫＰが協力することもあり得なくないと記述し、過去のＩＳＫＰによる攻撃事案の中には両者の協力によるものも含まれていたと報告している。

とはいえ、ＩＳＫＰは、敵対するターリバーンに対する攻撃を続け、ターリバーンの威信を脅かすだろう。これに対して、「治安の回復」という国民の目に見えてわかりやすい成果をアピールしたいターリバーンが、対ＩＳＫＰ掃討作戦を強化することは確実である。今後、こうしたターリバーンによる対内主権確立に向けた闘争は続くと見られる。現状、ターリバーンはほぼ全土を制圧していることから、軍事的な優位は覆らないだろう。ＩＳＫＰの活動地域を見ても、基本的にアフガニスタン・パキスタンが中心となっているため、その枠を越えて脅威をもたらす可能性は大きくない。

「対ＩＳＫＰ」で協力関係にあるアメリカとターリバーン

アメリカとターリバーンは対ＩＳＫＰ戦線においては協力関係にあり、かつて敵同士だった両者が連携する可能性はある。アメリカにとって、ＩＳＫＰは掃討すべき敵であり、対話の相手ではない。アメリカ軍が退避ミッションを遂行する過程で、二〇二一年八月二六日にカーブル国際空港付近でＩＳＫＰによる自爆攻撃が発生し、アメリカ兵一三名を含めた死者一七〇名以上を出す大惨事が発生した。ＩＳＫＰは八月三〇日にもカーブル国際空港に対して複数のロケット弾を撃ち込んだ。アメリカ中央軍は八月二七日、東部ナンガルハール州で対テロ作戦を「地平線の向こう」から実行し、ＩＳＫＰ戦闘員をドローンで殺害したと発表した。前日にアメリカ兵一三名が殺害されたことを受けて、アメリカが報復を果たした形だ。また、八月二九日にも、カーブル市内で、カーブル国際空港への攻撃を企図する爆発物が積載された車両に対し、アメリカ軍はドローン攻撃を仕掛けた。アメリカ軍は正確に目標を捉えたと述べたが、実際はアフガニスタン民間人一〇名が死亡した誤爆だったことが判明している。

アメリカと同じく、ターリバーンにとってもＩＳＫＰは抑え込むべき相手である。八月二六日の爆発では空港周辺にいた複数のターリバーン戦闘員も殺害されていることから、このＩＳＫＰによる攻撃の被害者であった。ターリバーンとＩＳＫＰの指導部間の対立関係については、前述のとおりである。

こうした状況を踏まえると、アメリカは対ＩＳＫＰ戦線でターリバーンに頼らざるを得ないかもしれない。アメリカ中央軍のマッケンジー司令官は、退避ミッションを円滑に進めるうえで二〇二一年八月中旬からターリバーンと情報共有をしていたと認めており、両者は限定的ではあるが既に協力関係を築き始めている。また、ミリー統合参謀本部議長も九月一日、アフガニスタンにおけるＩＳＫＰ掃討を念頭に置いた対テロ作戦で、ターリバーンと協力することは「可能」との考えを示している。ただし、現在に至るまでターリバーンとＡＱは関係を断絶していないとみられることから、アメリカのターリバーンへの接近は諸刃《もろは》の剣になり得る。

3　監視の目を行き届かせるには

ローカル化するイスラーム過激派諸派

　では、本章冒頭の問いに戻り、アフガニスタンが「テロの温床」となる危険性はどれくらい高いのだろうか。これまで見たとおり、ＡＱをはじめとする国際テロ組織が、アフガニスタン国内に身を潜めている。こうした状況下、今後の国際テロ組織の活動を占うためには、その「意志」と「能力」を客観的に評価することが重要である。

　ＡＱ総司令部は、国境を越えたジハード活動(グローバル・ジハード)を唱道してきたことから、たしかに世界各地で広範に危害を及ぼす「意志」を有している。実際、ＡＱ系組織であるソマリアのアル＝シャバーブ、サヘル地域(サハラ砂漠南縁部)の「イスラームとムスリム支援団」、シリア北西部で実効支配を続けるシャーム解放機構(旧ヌスラ戦線)などは、近年、特にローカル・レベルでの活動を活発化させている(中東調査会イスラーム過激派モニター「「九・一一」二〇周年にみるアル＝カーイダの没落」)。しかし、大局的に見れば、イスラーム過激派の活動は二〇年前と比べて低迷をたどっている。二〇一四年頃にＩＳはシリアとイラク領内で実効支配領域を広げたが、有志連合諸国の掃討作戦やＩＳ自体の統治の失敗により、現時点においてＩＳの実効支配領域は消失した。また、ＡＱ諸派が欧米諸国において仕掛けるテロ攻撃は、減少傾向をたどっている。そのように考えると、イスラーム過激派が有する攻撃への「意志」は継続しているが対象範囲はローカル化する傾向に向かっており、また、それら組織がテロを実行する「能力」も下降していると、ひとまず小括できる。

鼓舞されたイスラーム過激派諸派の動き

もっとも、イスラーム過激派諸派がターリバーンの「勝利」に鼓舞され、その活動を活発化させる懸念はやはり拭えない。ＡＱ諸派は、八月後半にかけて一斉にターリバーンを称賛する声明を発出した。声明を出した組織には、「アラビア半島のＡＱ」「インド亜大陸のＡＱ」、およびＴＴＰなどが含まれる。これらの声明の内容は、二〇年間に及ぶアメリカ軍占領に対するジハードの結果として、「解放」が達せられたことを称賛するものである。こうした動きからは、ターリバーンの「勝利」に鼓舞されたイスラーム過激派諸派が、欧米諸国権益を攻撃する危険性は高いように見える（中東調査会イスラーム過激派モニター「ターリバーンのアフガニスタン制圧とイスラーム過激派全体への影響に関する考察」）。

他方、ここで抑制要因として働くのが、ローカル化したイスラーム過激派諸派の不満の根源は、各地の地元政府に対してのものである点である。これらイスラーム過激派諸派が活動を続けられるのは、活動拠点とするソマリアやサヘル地域における国の統治能力が欠如していることに由来する部分が大きい。同時に、彼らの活動の動機は、地元政府と「十字軍」諸国との同盟関係、政府の汚職、ムスリムに対する差別など、地元社会や政府に蔓延る不公正や不正義に対する怒りである。これらは非常にローカルなものであるといえ、その勢いが越境するかどうかは不透明である。

もう一つ、ターリバーンは国際テロ組織との関係を断絶すると公言する中で、ターリバーンに忠誠を誓うAQの系列組織が欧米諸国の権益を攻撃すれば、結果として、その行為がターリバーンを欧米諸国との関係で不利な立場に追いやることになる。ターリバーンは、諸外国からの政府承認を強く求めている。現在のターリバーンの姿勢を見ても、また第一期「政権」時に経済制裁を受けて孤立した経緯を踏まえても、この立場は確かなものだといえる。したがって、アフガニスタン国外でイスラーム過激派諸派が活動を活発化させる可能性も現時点では決して高くはないと考えられる。

政府承認と大使館再開問題とのつながり

アフガニスタン国内では、ターリバーンと反ターリバーン勢力(NRF、ISKPなど)との間の小競り合いは続いており、今後の治安情勢を楽観視することはできない。この場合、アフガニスタンにおいて暴力が蔓延《まんえん》することとなり、そこには国際テロ組織が潜伏し続けることになる。このような状況を静観することは難しい。また、AQやISKPの活動の現状が芳しいものでないとしても、将来的に再結成する恐れはやはり排除できない。

結局、アフガニスタンが再びテロの策源地になる懸念は拭えず、同国内でのアメリカ軍のプレゼンスがなくなった今、日本を含む国際社会は将来にわたって対テロ監視を強いられる。「地平線の向こう」の言葉が示すとおり、国際テロ対策は、アメリカ軍撤退後も遠隔監視という形で続ける必要がある。この意味において、「対テロ戦争」は一区切りしたのかもしれないが、今後も続く。

現地のパートナーがいなければ目標実現は困難である。ドローン攻撃をするにしても、衛星画像などのシグナル・インテリジェンス(通信諜報)だけでは充分でなく、人を介して得られるヒューマン・インテリジェンス(人的諜報)が決定的に重要である。そのように考えると、諸外国による政府承認と大使館再開問題は、テロ対策とも深く結びついている。テロ動向の情報収集・分析を行うためには、人的諜報が不可欠であり、そのためには人員を適正に配置することが必要不可欠だ。このため、各国は、ターリバーンの政府承認を控えながらも、大使館の再開といったような実践的な関与をせざるを得ない。

日本としても、九・一一事件で被害を被った国として、再び同様の事件が起こらないよう対策を講じる必要に迫られている。アフガニスタンで起こっている動向を正確に把握するため、ダリー語やパシュトゥー語などの現地語に通暁する専門家の育成、並びに、テロ動向の情報分析の専門家の育成などに、長期的に取り組んでいく必要がある。

終章　内発的な国の発展とは

西洋の開化（すなわち一般の開化）は内発的であって、日本の現代の開化は外発的である。ここに内発的と云うのは内から自然に出て発展するという意味でちょうど花が開くようにおのずから蕾が破れて花弁が外に向うのを云い、また外発的とは外からおっかぶさった他の力でやむをえず一種の形式を取るのを指したつもりなのです。

――夏目漱石「現代日本の開化――明治四十四年八月和歌山において述」

ターリバーン台頭の諸要因

何故、ターリバーンは台頭することができたのか。何故、過去二〇年間の民主的な国家建設は失敗したのか。

本書を通じて見てきたとおり、ターリバーンはアフガニスタン社会において根無し草ではない。ターリバーンが出現した一九九四年のアフガニスタンは、匪賊と化したムジャーヒディーン各派による内戦が続く混乱状態の只中にあった。軍閥と化し群雄割拠したムジャーヒディーン各派は、道行く少年・少女の誘拐や敵対勢力への虐殺行為を繰り返し、アフガニスタンは暴行、略奪、犯罪行為が横行する無秩序状態に陥った。

そうした中、ターリバーンが、非道を働く軍閥司令官を討伐しシャリーアに則って公正な社会を築くことを掲げて南部から台頭してきた。ターリバーンは、一九九六年九月にはカーブルを制圧し全国制覇に向けて破竹の勢いで勢力を拡大させた。治安を回復したターリバーンを、長期化する紛争に辟易としていた国民は歓迎した。

そのターリバーンが行った統治は、ターリバーン独自のものというわけではなかった。アフガニスタンでは伝統的に、家父長制を基盤とする男性優位社会が築かれてきた。ターリバーンはこうした保守的な社会を背景に、シャリーアを厳格に解釈しながら統治を行おうとした。欧米メディアは女性の教育や就労の制限を問題視したが、学校は男女別学でなければならない、ヒジャーブを被らなければ外出してはならないといったことは、ターリバーン独自の統治手法というわけではない。アフガニスタンの伝統的な部族社会では、女性の尊厳を護ることが男性の名誉を保つことになるという古くからの考えが根付いている。ターリバーンの統治は農村社会で違和感なく受け入れられるとの言説が流布する背景には、こうした事情がある。もっとも、外界との接触がほとんどなかったターリバーンは、シャリーアの偏狭な解釈に基づいて数々の施策を打ち出した。その後、国民の支持が、ターリバーンから次第に離れていったことも事実である。

このようにターリバーンが政治運動を始めるに至ったのは、当時、既に二〇年以上に及んだアフガニスタン国内での政治的・社会的混乱があったためであった。貧しいながらも比較的安定した立憲君主制時代を経て、一九七三年にダーウードによる無血クーデタが勃発した。共和制に移行した後、ダーウードは宗教指導者や知識人を次々に投獄し、処刑した。その後の共産主義者によるサウル革命(一九七八年)を経ても、タラキー、アミン、カルマルらによる政敵、知識人、テクノクラート、宗教指導者の粛清は続き、ソ連侵攻時代に入り社会情勢はさらに混迷を極めた。これらによって、アフガニスタンの社会構造はズタズタに引き裂かれた。それまでアフガニスタンはモザイク模様ながらも一枚の大きな布を成していたにもかかわらず、度重なる政変や粛清や侵略を通じて、縦糸や横糸が寸断されてバラバラになった。宗教という垂直構造と、民族・部族という水平構造が、ともに崩壊してしまった。

かつてモスクは、礼拝手順の手ほどき、子女の基礎教育、村のコミュニティにおける係争の仲介など、様々な社会的機能を果たしていた。多民族国家でありながら、隣人を尊敬しあい、共存しあう社会が築かれていた。しかし、長引く戦乱の中で、アフガニスタンでは基礎的な社会構造である宗教を通じた紐帯が失われ、共生の精神は壊れ民族間の対立が煽られた。さらには、王制の事実上の崩壊、共産主義思想の流入、大国間のイデオロギー対立と干渉、内部の権力闘争を経て、アフガニスタンを束ねる国民統合の原理は失われてしまった。

一九六四年に憲法が制定され、漸次的ながらも民主的な政治制度作りや、女性の社会進出、工業化なども進められた。当時のアフガニスタンは、地域の中でも最も先進的な国の一つであった。しかし、国民国家形成への歩みは道半ばのまま、戦争へと突入することとなった。巨大な空白を埋めるように、ターリバーンという社会現象が旋風を巻き起こした。

このような国民国家形成の試みが中途半端に断絶した状況の中、外部からの強い意向が働く形で二〇〇一年以降の国家建設が始まった。本来は、アフガニスタン国民の民意を反映して内発的に進められるべき国造りは、外発的に進められてきた。無秩序状態を作り出した張本人であった元ムジャーヒディーン各派と、政治的混乱を逃れて海外に移住したテクノクラートが主体となって、イスラーム共和国が成立した。その首班には、アメリカとパキスタンと国連の強い意向を受けたカルザイが据えられた。「カーブル市長」と揶揄されたカルザイは、全国を実効的に支配することができず、イスラーム共和国は次第に死に体となっていった。

アメリカを後ろ盾とする脆弱なイスラーム共和国政府が二〇年を迎えようかという中、二〇二一年四月に始まった拙速、かつ全面的なアメリカ軍撤退は、軍事的抑止力の喪失につながった。ターリバーンの農村部での大攻勢は二〇二一年五月頃に開始したことから、アメリカ軍撤退がターリバーンの軍事的台頭の引き金になった可能性は高い。そして、八月一五日のカーブル陥落の時点で、アメリカ政府高官は「二週間の猶予期間」を設けることで、イスラーム共和国とターリバーンとの間で包摂的な暫定政権を成立させる算段であったことも、様々な証言から確認された。しかし、アメリカ政府の希望とは裏腹に、ガニー大統領が国外逃亡したことで戦略は破綻することになった。こうした最終的な展開は、まさしく外発的に作られたイスラーム共和国の主体性の欠如に起因するものである。

一方のターリバーンは、農村部の住民からの支持を背景に、人員数や装備面での劣勢にもかかわらず、強靭性を保って抵抗を続けた。ターリバーンが対話を通じた政治的解決に前向きな姿勢を見せる中、アメリカが中東における過剰な軍事的関与を減らそうとしたことも、ターリバーンが攻勢を強める後押し材料となった。バイデンに先立つトランプの決断(ドーハ合意)が、一つの分岐点となった。

また、ターリバーン台頭の背後には、ターリバーンに聖域を提供し、ヒト・モノ・カネ等の資源を後援するパキスタン軍部の存在があった。アメリカは、パキスタンが保有する核兵器が国際テロ組織に流出することを恐れて、パキスタン軍部に対する圧力を躊躇した。

総括すると、外部者による体制転換によって成立した脆弱なイスラーム共和国が、アメリカの支えを失ったことで急速に不安定化し、急所を突くターリバーンが、国境の東側に聖域を確保しながら強靭な意志をもとに抵抗を強めたことで、ついには政権崩壊に至った。

イスラーム共和国が崩壊した理由を単一の要因に求めることは難しく、ターリバーンの強靭性、イスラーム共和国の脆弱性、およびアメリカの撤退の判断などの複数の要因が相互に影響を及ぼしながら引き起こしたものと考えられる。もっとも、これら複数の要因間の相関関係は、一方向的ではなく双方向的なものであり、各要因の順番が重要性の高低を示すわけではない。

ターリバーンの実像

二度目の全国制覇を果たしたターリバーンの実像を、我々はどのように捉えたらよいのだろうか。この問いを考えるうえでは、我々はターリバーンのどの側面について話しているのかを明確にする必要がある。ムッラー・ウマルに率いられて世直しに立ち上がったターリバーンは、現在の指導部の中核を成している。しかし、ターリバーンによる軍事攻勢の過程では、旧共産主義者、元ムジャーヒディーン各派、および日和見主義的に参加する諸勢力など、多種多様な分子が入り込んだ。「複数のネットワークから成る集合体」の言葉が示すとおり、ターリバーンは決して一枚岩ではなく、いまや兵力一〇万人以上を要する巨大な組織である。内部には、軍事部門と政治部門、ドゥッラーニー族とギルザイ族の対立など、複数の対立軸が存在している。加えて、ターリバーンは、内部と外部の聴衆に応じて発言を使い分ける。

つまり、どのターリバーンについて話しているのか、どの発言を解釈するのか、を明確にしなければ、話は噛み合わない。カタールの首都ドーハでターリバーンと交渉していたアメリカ政府や国連の人々は、ターリバーン政治事務所の人々は理知的に会話をすることができると評する。また、農村部でターリバーンと密接に仕事をする援助関係者は、ターリバーンというのは平和を欲する国民的心情を背景に出てきた土着の勢力であり、農村部の人々の暮らしと彼らの統治との間に大きな違和感はないと述べる。その一方で、ターリバーンは恩赦が与えられているにもかかわらず、元イスラーム共和国治安部隊要員を処刑していると、人権団体は報告する。ターリバーンが、抗議デモをする女性らを鞭で打ち、棒で叩く映像がソーシャルメディアで流れる。

これらのいずれも虚像ではなく、実像の一端だと見るべきである。確かに、ターリバーンの大義は常に一貫しており、シャリーアに則って祖国を救うことを掲げている。農村部のターリバーンは、人道支援を行う国連やNGOの活動を認め、住民が組織するジルガの決定に深く干渉はしない。これは、アフガニスタンという国が、歴史上常に、強い政府が一元的に支配してきた構図ではなく、地方の無数のコミュニティが自律的に自治を行ってきたことを踏まえれば当然である。

それと同時に、ターリバーンは共産主義者のナジーブッラーを処刑し、犯罪人を処刑したうえで見せしめにし、肌や髪を露わにした女性の社会活動を制限する。また、ターリバーン末端兵士が指導部の方針に従わず、イスラーム共和国政府役人やその家族に危害を加え、報復行為を働く。芸術家やアスリートなど、これまでしていた仕事がハラーム（禁忌）だとされ、アイデンティティーを奪われ、命の危険にさらされている人もいる。いずれもターリバーンの実像の一面を表しており、それをどう受け止めるかは評価する側の人間次第である。

ターリバーンがカーブルを陥落させる前後、ソーシャルメディア上では、ターリバーン兵士が都市部の遊園地の遊具で遊んだり、湖上のスワンボートに武器を携行して乗り込み遊覧する映像が拡散した。日本社会では、「あの怖いターリバーンがエンターテイメントに興じている」といった、笑い話として消費された感がある。しかし、こうした映像群が示すのは、ターリバーン兵士の多くが、幼い頃から基礎教育を受けることも、友だちと遊ぶ機会もなく、ジハードの名の下に自らの尊厳と独立を守るための戦いに明け暮れてきたという事実である。ムジャーヒディーン各派も戦争の子どもたちであったかもしれないが、ターリバーンもまた戦争の子どもたちであった。そのように考えると、筆者はあのような映像を見るたびに哀しい気持ちになる。

ターリバーンは国を統治しているのだから現実を認め、政府承認すべきだという意見がある。その一方で、ターリバーンによる人権侵害は看過できず、彼らは「テロリスト」だと糾弾する声がある。また、ターリバーンの脅威から逃れようとするアフガニスタン人の国外退避を支援すべきだとして、昼夜を問わず懸命に救おうと多くの国で動く篤志家がいる。筆者には、これらの意見のいずれもが矛盾しているようには見えない。それは、ターリバーン自体が多面的な存在だからだ。

今後のアフガニスタン

将来のアフガニスタンは、アフガニスタン人が主体となって内発的に発展していくことを基礎にすべきである。外部者は、その自助努力の意志を尊重し、介入や干渉ではなく側面支援する姿勢を保つことが重要である。現在、実権を掌握してまもないターリバーンは、多くの争点を抱えている。争点には、未達の国民和解、指導体制の不明瞭さ、治安部門の統廃合・改革、女性の権利を含む統治方針、各国による政府承認と大使館再開、内部凝集性の維持とターリバーン兵士への「平和の配当」、逼迫する財政、人道支援、国外退避問題などが含まれる。これらを一日にして解決することは不可能である。

しかし、ターリバーンに代わる国の統治主体が見当たらないのも実状である。NRFは、ターリバーンによる統治が自由を脅かしていると非難するが、現時点では、軍事的な抵抗はほぼ低迷している。また、ISKPの攻撃は増しているが、同組織はアフガニスタンにとっては異物とも言える存在であり、国内で実効支配領域を拡大させる可能性は低い。一つだけ確実に言えることは、過去二〇年間、あれだけ莫大な資源を投じたにもかかわらず国家建設が失敗したことに鑑みれば、ターリバーンを完全に排除することは事実上不可能なことである。

一九世紀後半から二〇世紀初頭にかけて、アフガニスタンを支配したアブドゥルラフマーン国王は、「内的帝国主義」とも呼ばれる強権的な手法で国を治め独立を守った。「鉄のアミール」と称される同国王は、後世の人々に対して以下のように遺言した。

> 私の息子たちと後継者たちは、国民が支配者に対して立ち上がるような、性急な形で新しい改革を導入するべきではない。欧米のシステムに基づく教育モデルや、寛大な法律を取り込みながら立憲政治を確立するに当たっては、これらすべてを徐々に取り入れなければならない。何故ならば、そうすることで人々は近代的な革新的アイデアに慣れ親しみ、もたらされた改革と恩恵を濫用することがないからである。
>
> （Sultan Mahomed Khan, *The Life of Abdul Rahman: Amir of Afghanistan*, Vol. 2, p. 190, 傍点は筆者による）

図 22　アブドゥルラフマーン国王

過去の例を見ても、性急な社会改革や欧米化は、保守的なアフガニスタンでうまくいかなかった。アマーヌッラー国王、共産主義政権、およびイスラーム共和国の教訓を踏まえても、これは火を見るよりも明らかである。近代アフガニスタンの礎を築いたアブドゥルラフマーン国王は、改革は「徐々に取り入れなければならない」と後世に遺言した。我々は、この言葉の重みを肝に銘じる必要がある。

欧米諸国とは立ち位置が少し違うという点で、日本には独自のアプローチがある。好例は、ペシャワール会の故・中村哲医師によるコミュニティ再生プロジェクトである。中村医師は、住民の生活を改善するには、清潔な水を確保する必要があると痛感し、医療活動に加えて灌漑事業を始めた。同事業は、暴れ川として知られるクナル川から、日本古来の「山田堰」という手法を応用して取水し、荒廃した農地を再生するというものである。これによって荒涼とした砂漠は緑化を遂げた。二〇一五年三月、筆者は中村医師を囲んだ少人数の勉強会で話を直接伺ったが、三度三度のご飯が食べられれば戦争をする人はいない、と述べられた姿が印象に残っている。正に、トップダウンではなくボトムアップの手法で、国造りに携わった偉人である。

もう一人、アフガニスタンに深く関わった日本人に、故・緒方貞子氏がいる。緒方氏は国連難民高等弁務官としてアフガニスタン支援に携わったが、ソ連軍撤退に伴って「ひとことで言ってしまうと、国際社会はアフガン難民を『見捨てた』」と反省し、二〇〇一年以降の国造りを主導した。人間の安全保障という、それまでパワーに焦点を当てた古典的な安全保障観を覆し、一人の人間の安全に焦点を当てる概念を提唱したことでも知られる。両名の活動はアフガニスタン国民の心に刻まれている(東野真『緒方貞子』一三六頁)。

日本人は、アフガニスタン人と同じ目線に立って、心を通わせながら支援をすることができる。中村医師の事業では、蛇籠《じゃかご》という地元民が主体となって補修できる手法が用いられている。これは、高額な最新鋭の機材を用いては現地で修理・補修できないことを踏まえ、持続可能性を重視してのことである。農地が再生したペシャワール会の事業地では、難民が帰還し、子どもたちが学校に通い、人々がモスクで礼拝をする日常が戻った。外部からの関与を考えるとき、両名から学ぶべきことは多い。

ターリバーンの思想体系に鑑みれば、将来、彼らが法の支配や基本的人権、民主主義などと

図23　中村哲医師(左から2人目)

いった、欧米起源の概念や政治制度をそのまま取り入れる可能性は低い。二〇二一年九月には女性課題省を廃止し、同年一二月にはイスラーム共和国政府下で設立された独立選挙委員会を廃止した。天啓のシャリーアに従い、ターリバーンがイスラーム的統治と考え、アフガニスタンの伝統的統治と齟齬がない方式で国を治めようとするだろう。

ターリバーンが信じる価値の多くは、欧米社会が普遍的と信じる価値とは相容れないものである。日本を含む国際社会は、お互いの物差しが違うことを理解したうえで、外部から強硬に圧力をかけるのではなく、アブドゥルラフマーン国王が遺言したように、徐々に対話を通じて折衷的な解決策を見つけるよう努めていくことが必要なのではないか。

ターリバーン指導部もまた、その構成員と国民とともに、ズタズタに寸断された布を丁寧に織りなおさなければならない。同時に、アフガニスタンのあらゆる民族・部族が、時には第三者の仲介を得ながら対話を重ね、多様性を包摂する妥協点を探り当てて、国民和解を完遂せねばならない。アフガニスタン人の強い主体性と段階的なアプローチによって、外からの力による開化ではなく、真に内発的な国の発展が可能となる。

参考文献

全体にかかわるもの

川端清隆『アフガニスタン——国連和平活動と地域紛争』みすず書房、二〇〇二年。

コール、スティーブ(笠井亮平訳)『シークレット・ウォーズ——アメリカ、アフガニスタン、パキスタン三つ巴の諜報戦争(上、下)』白水社、二〇一九年。

髙橋博史『破綻の戦略——私のアフガニスタン現代史』白水社、二〇二一年。

中田考監修『日亜対訳クルアーン』作品社、二〇一四年。

——『ターリバーンの政治思想と組織』現代政治経済研究社、二〇一八年。

永田雄三・加賀谷寛・勝藤猛『世界現代史一一 中東現代史I トルコ・イラン・アフガニスタン』山川出版社、一九八二年。

フォーヘルサング、ヴィレム(前田耕作・山内和也監訳)『アフガニスタンの歴史と文化』明石書店、二〇〇五年。

前田耕作・山根聡『アフガニスタン史』河出書房新社、二〇〇二年。

ユアンズ、マーティン(金子民雄監修)『アフガニスタンの歴史——旧石器時代から現在まで』明石書店、二〇〇二年。
『岩波イスラーム辞典』岩波書店、二〇〇二年。
Adamec, Ludwig W., *Historical Dictionary of Afghan Wars, Revolutions, and Insurgencies* (*Second edition*), Scarecrow Press, 2005.
Barfield, Thomas, *Afghanistan: A Cultural and Political History*, Princeton University Press, 2010.
Dupree, Louis, *Afghanistan*, Princeton University Press, 1973.
Ewans, Martin, *Afghanistan: A New History*, Vanguard Books Ltd., 2001.
Johnson, Thomas H. and Adamec, Ludwig W., *Historical Dictionary of Afghanistan* (*Fifth edition*), Rowman & Littlefield, 2021.
Linschoten, Alex Strick van and Kuehn, Felix, *An Enemy We Created: The Myth of the Taliban-Al Qaeda Merger in Afghanistan*, Oxford University Press, 2012.
Rashid, Ahmed, *Taliban: Militant Islam, Oil and Fundamentalism in Central Asia*, Yale University Press, 2000.

第一章

青木健太「ターリバーンとアフガニスタン政府の和平協議――ムッラー・ウマルの死とその波紋」『中東

研究』第五二四号、二〇一五年九月、九五～一〇六頁。

――「オバマ政権のアフガニスタン政策――ターリバーンに対する軍事・和平戦略と今後の展望」『中東研究』第五二七号、二〇一六年九月、二八～三九頁。

――「アフガニスタン大統領選挙・議会選挙と民主化」『中東研究』第五三三号、二〇一八年九月、一〇〇～一一五頁。

――「ターリバーンの政治・軍事認識と実像――イスラーム統治の実現に向けた諸課題」『中東研究』第五三八号、二〇二〇年五月、六四～七七頁。

――「米国の対中東外交とトランプ政権――軍事的撤退と対イラン強硬政策に着目して」『国際安全保障』第四九巻二号、二〇二一年九月、五九～七八頁。

アーキン、ウィリアム「アフガンの戦場から米兵が去った後、殺人マシンによる「永続戦争」が残る」『ニューズウィーク日本版』二〇二一年四月二〇日。https://www.newsweekjapan.jp/stories/world/2021/04/post-96111.php（二〇二一年一一月一四日最終閲覧）

ウッドワード、ボブ（伏見威蕃訳）『ブッシュのホワイトハウス（上、下）』日本経済新聞出版社、二〇〇七年。

――『オバマの戦争』日本経済新聞出版社、二〇一一年。

佐々木徹『アフガンの四季』中央公論新社、一九八一年。

柴田和重「二〇〇四年一〇月大統領選挙をめぐる政治過程」鈴木均編著『アフガニスタン国家再建への展

望——国家統合をめぐる諸問題』明石書店、二〇〇七年、九六〜一四〇頁。
進藤雄介『アフガニスタン祖国平和の夢——外交官の見た和平の真実』朱鳥社、二〇〇四年。
髙橋博史「最近のアフガニスタン情勢」二〇一六年一二月一三日、中東調査会主催講演会。https://www.meij.or.jp/event/2016_12.html（二〇二一年一一月一七日最終閲覧）
——「混乱のアフガニスタンと地域情勢——破綻国家となった理由」『海外事情』二〇二一年九・一〇月号、三〇〜四七頁。

Dobbins, James F., *After the Taliban: Nation-Building in Afghanistan*, Potomac Books, 2008.
Rashid, Ahmed, *Descent into Chaos: How the War Against Islamic Extremism is Being Lost in Pakistan, Afghanistan and Central Asia*, Penguin Books, 2008.
Special Inspector General for Afghanistan Reconstruction（SIGAR）, *Quarterly Report to the United States Congress*, July 30, 2020. https://www.sigar.mil/pdf/quarterlyreports/2020-07-30qr-intro-section1.pdf（二〇二一年一一月一一日最終閲覧）
United Nations, *Agreement on Provisional Arrangements in Afghanistan Pending the Re-Establishment of Permanent Government Institutions*, December 5, 2001. https://peacemaker.un.org/sites/peacemaker.un.org/files/AF_011205_AgreementProvisionalArrangementsinAfghanistan%28en%29.pdf（二〇二一年一一月一一日最終閲覧）

United States Department of States, *Agreement for Bringing Peace to Afghanistan between the Islamic Emirate of Afghanistan which is not recognized by the United States as a state and is known as the Taliban and the United States of America*, February 29, 2020. https://www.state.gov/wp-content/uploads/2020/02/Agreement-For-Bringing-Peace-to-Afghanistan-02.29.20.pdf（二〇二二年一一月一七日最終閲覧）

White House, *Address to a Joint Session of Congress and the American People*, September 20, 2001. https://georgewbush-whitehouse.archives.gov/news/releases/2001/09/20010920-8.html（二〇二二年一一月一一日最終閲覧）

——*White Paper of the Interagency Policy Group's Report on U.S. Policy toward Afghanistan and Pakistan*, March 27, 2009, https://www.hsdl.org/?view&did=38004（二〇二二年一一月一四日最終閲覧）

——*Remarks by President Biden on the Way Forward in Afghanistan*, April 14, 2021. https://www.whitehouse.gov/briefing-room/speeches-remarks/2021/04/14/remarks-by-president-biden-on-the-way-forward-in-afghanistan/（二〇二二年一一月一四日最終閲覧）

Woodward, Bob, *Bush at War*, Simon and Schuster, 2002.

——*Obama's Wars*, Simon and Schuster, 2010.

Emārat-e Islāmī-e Afghānistān, *Sedā-e Jihād*, August 8, 2019. http://alemarahdari.com/?p=121142（二〇一九年八月八日最終閲覧）

第二章

アレクシエーヴィッチ、スヴェトラーナ（三浦みどり訳）『アフガン帰還兵の証言――封印された真実』日本経済新聞社、一九九五年。

飯田健一『アフガニスタンはいま――ソ連軍介入のなかで』日本放送出版協会、一九八四年。

カリミ、モハマッド・ハッサン（読売新聞外報部訳）『危険の道――秘史アフガニスタン侵略』読売新聞社、一九八六年。

進藤雄介『タリバンの復活――火薬庫化するアフガニスタン』花伝社、二〇〇八年。

髙橋博史「ターリバーン出現の背景と最高指導者ムッラー・ウマル」保坂修司編『アフガニスタンは今どうなっているのか』京都大学大学院アジア・アフリカ地域研究研究科附属イスラーム地域研究センター、二〇一〇年、二～二六頁。

ミッセン、フランソワ（塚本一他訳）『地獄からの証言――ソ連のアフガン支配の内幕』サンケイ出版、一九八〇年。

山本芳幸『カブール・ノート――戦争しか知らない子どもたち』幻冬舎、二〇〇四年。

Amnesty International, *Amnesty International Report 1994-Afghansitan*, January 1, 1994. https://www.refworld.org/docid/3ae6aa0618.html（二〇二一年一二月二日最終閲覧）

Giustozzi, Antonio ed., *Decoding the New Taliban: Insights from the Afghan Field*, Columbia University Press, 2009.
Griffin, Michael, *Reaping the Whirlwind: The Taliban Movement in Afghanistan*, Pluto Press, 2001.
Islamic Emirate of Afghanistan（IEA）, *Accomplishment of the Taleban Islamic Movement and its Aims*, 1998. http://web.archive.org/web/19981205052717/www.taleban.com/moveaims.htm（二〇二一年一一月一四日最終閲覧）
Fergusson, James, *Taliban: The True Story of the World's Most Feared Guerrilla Fighters*, Transworld Publishers, 2010.
Ludhianvi, Rasheed, Mitha, Yameema and Semple, Michael, *Obedience to the Amir: An Early Text on the Afghan Taliban Movement*, First Draft Publishing GmbH, 2015.
Maley, William ed., *Fundamentalism Reborn?: Afghanistan and the Taliban*, New York University Press, 1998.
Olesen, Asta, *Islam and Politics in Afghanistan*, Routledge, 1995.
Roy, Olivier, *Islam and Resistance in Afghanistan*（*Second edition*）, Cambridge University Press, 1990.
Emārat-e Islāmī-e Afghānistān, *Sedā-e Jihād*, April 24, 2021. https://alemarahdari.af/?p=109806（二〇二一年一二月一一日最終閲覧）

第三章

勝藤猛「パシュトゥン族の道徳と慣習」アジア・アフリカ文献調査委員会『アジア・アフリカ文献調査報告第三冊（西アジア二）』一九六四年、一～一九頁。

――「アフガニスタンのパシュトゥン族とパシュトゥ語」京都大学人文科学研究所（人文学会発行）『東方学報』第三四冊、一九六四年、二九九～三二六頁。

スペイン、J（勝藤猛・中川弘共訳）『シルクロードの謎の民――パターン民族誌』刀水書房、一九八〇年。

髙橋博史「タリバーン考――男女七歳にして席を同じゅうせず」『中東研究』第五〇六号、二〇〇九年一二月、一九～二九頁。

登利谷正人『近代アフガニスタンの国家形成――歴史叙述と第二次アフガン戦争前後の政治動向』明石書店、二〇一九年。

八尾師誠「国の形と統治機構――国民国家アフガニスタンの相貌」前田耕作・山内和也編著『アフガニスタンを知るための七〇章』明石書店、二〇二一年、一八～二三頁。

林裕『紛争下における地方の自己統治と平和構築――アフガニスタンの農村社会メカニズム』ミネルヴァ書房、二〇一七年。

松井健『西南アジアの砂漠文化――生業のエートスから騒乱の現在へ』人文書院、二〇一一年。

Elphinstone, Mountstuart, *An Account of the Kingdom of Caubul, and its dependencies in Persia, Tartary, and India*, London: Printed for Longman, Hurst, Rees, Orme & Brown, and J. Murray, 1815.

第四章

中田考『タリバン復権の真実』ベストセラーズ、二〇二一年。

Amnesty International, *Afghanistan: 13 Hazara killed by Taliban fighters in Daykundi province–new investigation*, October 5, 2021. https://www.amnesty.org/en/latest/news/2021/10/afghanistan-13-hazara-killed-by-taliban-fighters-in-daykundi-province-new-investigation/（二〇二一年一一月一八日最終閲覧）

Human Rights Watch, *"No Forgiveness for People Like You" Executions and Enforced Disappearances under the Taliban in Afghanistan*, November 2021. https://www.hrw.org/sites/default/files/media_2021/11/afghanistan1121_web.pdf（二〇二一年一一月一八日最終閲覧）

Nagamine, Yoshinobu, *The Legitimization Strategy of the Taliban's Code of Conduct: Through the One-way Mirror*, Palgrave Macmillan, 2015.

Ruttig, Thomas, "How Tribal Are the Taleban?: Afghanistan's largest insurgent movement between its tribal roots and Islamist ideology," *Afghanistan Analyst Network*（*AAN*）, April 2010. https://www.afghanistan-analysts.org/wp-content/uploads/downloads/2012/10/20100624TR-HowTribalAretheTaleban-FINAL.pdf

（二〇二一年一二月一六日最終閲覧）
Zaeef, Abdul Salam, *My Life with the Taliban*, Hurst & Co. Ltd., 2010.

Emārat-e Islāmī-e Afghānistān, *Sedā-e Jihād*, July 28, 2020. http://alemarahdari.net/?p=84908（二〇二一年四月一日最終閲覧）
——April 23, 2021. http://alemarahenglish.net/?p=45086（二〇二一年四月二六日最終閲覧）
——June 20, 2021. http://alemarahdari.net/?p=115481（二〇二一年六月二一日最終閲覧）
——June 24, 2021. http://alemarahenglish.net/?p=47280（二〇二一年六月二八日最終閲覧）
——August 13, 2021. http://alemarahdari.net/?p=119228（二〇二一年八月一九日最終閲覧）

第五章

小松久男編『新版世界各国史四　中央ユーラシア史』山川出版社、二〇〇〇年。
前田耕作・山内和也編著『アフガニスタンを知るための七〇章』明石書店、二〇二一年。

Carter, Jimmy, *The State of the Union Address Delivered Before a Joint Session of the Congress*, January 23, 1980. https://www.presidency.ucsb.edu/documents/the-state-the-union-address-delivered-before-joint-session-the-congress（二〇二一年一二月二三日最終閲覧）

White House, *Remarks by President Biden on the Way Forward in Afghanistan*, April 14, 2021. https://www.whitehouse.gov/briefing-room/speeches-remarks/2021/04/14/remarks-by-president-biden-on-the-way-forward-in-afghanistan/（二〇二一年一一月一四日最終閲覧）

——*Remarks by President Biden on the Drawdown of U.S. Forces in Afghanistan*, July 8, 2021. https://www.whitehouse.gov/briefing-room/speeches-remarks/2021/07/08/remarks-by-president-biden-on-the-drawdown-of-u-s-forces-in-afghanistan/（二〇二一年一一月二三日最終閲覧）

——*Remarks by President Biden on Afghanistan*, August 16, 2021. https://www.whitehouse.gov/briefing-room/speeches-remarks/2021/08/16/remarks-by-president-biden-on-afghanistan/（二〇二一年一一月二三日最終閲覧）

——*Remarks by President Biden on the End of the War in Afghanistan*, August 31, 2021. https://www.whitehouse.gov/briefing-room/speeches-remarks/2021/08/31/remarks-by-president-biden-on-the-end-of-the-war-in-afghanistan/（二〇二一年一一月二三日最終閲覧）

第六章

中東調査会イスラーム過激派モニター班「ターリバーンのアフガニスタン制圧とイスラーム過激派全体への影響に関する考察」『イスラーム過激派モニター』M二一―〇七、二〇二一年八月二七日。https://www.meij.or.jp/trend_analysis/monitor/m21-07（二〇二一年一一月二六日最終閲覧）

——「「九・一一」二〇周年にみるアル＝カーイダの没落——アイマン・ザワーヒリー新作の分析」『イスラーム過激派モニター』M二一—一〇、二〇二一年九月一五日。https://www.meij.or.jp/trend_analysis/monitor/m21-10（二〇二一年一二月二六日最終閲覧）

United Nations Security Council, *Twelfth report of the Analytical Support and Sanctions Monitoring Team submitted pursuant to resolution 2557 (2020) concerning the Taliban and other associated individuals and entities constituting a threat to the peace stability and security of Afghanistan*, S/2021/486, June 1, 2021. https://www.undocs.org/pdf?symbol=en/S/2021/486（二〇二一年一二月二六日最終閲覧）

——*Twenty-eighth report of the Analytical Support and Sanctions Monitoring Team submitted pursuant to resolution 2368 (2017) concerning ISIL (Da'esh), Al-Qaeda and associated individuals and entities*, S/2021/655, July 21, 2021. https://www.undocs.org/pdf?symbol=en/S/2021/655（二〇二一年一二月二六日最終閲覧）

Williams, Brian Glyn, "Suicide Bombings in Afghanistan," *Islamic Affairs Analyst*, September 2007. https://brianglynwilliams.com/IAA%20suicide.pdf（二〇二一年一二月二六日最終閲覧）

Emārat-e Islāmī-e Afghānistān, *Sedā-e Jihād*, February 16, 2021. http://alemarahdari.net/?p=103068（二〇二一年四月一日最終閲覧）

終章

夏目漱石『夏目漱石全集　一〇』筑摩書房、一九八八年。

東野真『緒方貞子――難民支援の現場から』集英社、二〇〇三年。

Khan, Sultan Mahomed ed., *The Life of Abdul Rahman: Amir of Afghanistan*, Vol. 2, J. Murray, 1900.

図出典一覧

図1、12　AP／アフロ
図2　Abaca／アフロ
図3　ロイター／アフロ
図4、8、9、11、14、15、18、19　著者撮影
図5　U. S. Department of State
図6　Erwin Franzen 撮影
図7　ターリバーン公式サイト(https://alemarahdari.af/?p=109806)
図10左　Universal Images Group／アフロ
図10右、22　Wikimedia Commons
図13　https://tolonews.com/afghanistan-175985
図16　代表撮影／ロイター／アフロ
図17　新華社／アフロ
図20　アフロ
図21　Jihadology (https://jihadology.net/) に掲載されたISKP広報部門ホラーサーン・メディアの作成の動画
図23　共同通信
地図(一三〇頁)　Ewans, *Afghanistan.*

〔付記　アフガニスタンの地名・人名などの表記について〕
書名では新聞報道などにより人口に膾炙したタリバンと表記しているが、本文中においてはターリバーン、カーブル、ペシャーワル……といったように、なるべく現地の言葉に近い形で表記するよう心掛けた。ただし、アフガニスタン、タジキスタン、パキスタン……など、読者が違和感を覚えかねないものは、日本での一般的な表記を用いている。なお多くの用語は『岩波イスラーム辞典』にしたがっている。

あとがき

ターリバーンをどう捉えるのかについては、専門家の間でも、ひいてはアフガニスタン人の間でも見解が分かれる。ある人は、ターリバーンは「テロリスト」だと言う。ある人は、ターリバーンは内戦時代に「世直し運動」として台頭した、アフガニスタンの正統な統治主体だと擁護する。非常に難しい問題だ。

「イスラーム共和国＝善、ターリバーン＝悪」という対立構図は、確かにわかりやすい。しかし、本書で示したように、外部者から見た善悪二元論は実態とかけ離れている。ターリバーン台頭の背後には、混迷のアフガニスタン現代史がある。そのことを初めて知り、「目から鱗が落ちる」思いを抱く読者もいるかもしれない。

しかし、その理解でも不充分である、と私は思う。ターリバーンが過去に政治的主張のために用いた暴力は、アフガニスタン国民の脳裏に焼き付いている。例えば、たとえそれを正当化する理由があっても、自爆攻撃による民間人の殺傷行為を「正しい行い」とは言えないだろう。

今も、多くのイスラーム共和国の公務員や治安部隊要員が処刑されている。如何なる形であれ、暴力が許されることがあってはならない。

ただ、これと全く同じように、権力闘争の果てに匪賊と化したムジャーヒディーン各派の蛮行と、国民を蔑ろにし私利私欲にまみれたイスラーム共和国政府高官の身勝手な行為も、容認されるべきものではないという点に、アフガニスタンの難しさがある。

「勝てば官軍、負ければ賊軍」という言葉どおり、「正邪善悪の判断には前後の文脈を考慮に入れなければならない。何故そうなったのかを理解し、根本的な原因を取り除かなければ、真の問題解決はない。本書を通して見てきたとおり、ターリバーンは、イデオロギー対立、大国の干渉と権力闘争により、混迷を極めたアフガニスタン現代史から生まれた社会現象である。ターリバーンは、土着の政治運動であるとともに、多様なイスラーム思想を取り込むとともに、アフガニスタンの農村部の精神を継承し、また大義のためには自爆攻撃をも厭わない軍事組織でもある。

私は、意見が分かれる問題だからこそ、事実に基づく分析と真剣な議論が必要だと考える。こうした問題意識を基に、私は、本書をコンパクトでありながらも、ターリバーンの多面性に光が当たったものとなるよう心掛けた。こうしてできた本書が、ターリバーンとアフガニスタンに関する正確な情報を求める人にとって何がしかの理解の助けとなり、ひいては和平実現への手がかりとなれば、私にとってこれ以上ない喜びである。

本書は、カーブル陥落を受けて、二〇二一年一〇～一二月の約三カ月間で書かれた。主に、私が二〇〇五～二〇一三年にかけてアフガニスタン政府省庁アドバイザー、外交官、およびNGO職員としてアフガニスタンで勤務した際に行ったインタビューと観察、並びに、ダリー語・英語・日本語の文献調査(ターリバーン声明等を含む)を基にして書かれている。文献には、アラビア語とパシュトゥー語からこれらの言語に翻訳されたテキストも含まれる。帰国後も、外務省の国際情報統括官組織の一員として、またお茶の水女子大学の教員としてアフガニスタンに関する研究を一貫して続け、招聘したアフガニスタン人実務家・研究者や国内外の専門家らへのインタビューや意見交換を重ねてきた。

とはいえ、アフガニスタンやターリバーンのことを、一冊の書籍ですべて説明することは不可能だ。何を記すべきか、あるいは何を省くべきか、については常に試行錯誤の連続であった。迷いながらも、体の中から湧き上がる言葉をすくいあげる作業を続けた。本書の中に、至らない点があるとすれば、それは全て私の責任である。さらにターリバーンやアフガニスタンについて知りたい方は、「参考文献」に掲げられている書籍に当たるなどしていただければ幸いである。
本書の執筆に当たっての調査研究の一部は、ＪＳＰＳ科学研究費補助金・基盤研究（Ｃ）（ＪＰ２１Ｋ０１３４５、「紛争後のハイブリッドな国家建設の妥当性に関する実証研究：アフガニスタンを事例に」）の助成を受けたものであることをここに記したい。

＊　＊　＊

執筆に当たっては、多くの方にお世話になった。本書は、岩波書店新書編集部の中山永基氏の助力がなければ出版されなかった。私の筆が止まっているときも、長年の編集者としての知見と経験を基に、先に進むよう導いてくれた。同氏の温かく見守る姿勢と、着実に一冊の書籍にまとめあげる手腕に尊敬と感謝の意を表したい。

私の職場である公益財団法人中東調査会の上司と同僚に、謝意を表したい。日本で最も古い中東に特化した研究機関である中東調査会で勤務を始めたのは、二〇一九年七月のことであった。上司からの的確な指導と、同僚からの温かいサポートにより、職務を無事遂行するとともに、本書を世に送り出すことができた。また、特別研究員として所属する東京外国語大学の教職員にも、記して謝意を示したい。

夭折した不世出の外交官、故・松田誠氏に本書を捧げる。私が二〇一一～二〇一三年に在アフガニスタン日本国大使館で二等書記官として勤務していた時、松田氏は参事官であった。圧倒的な読書量を背景とした博覧強記ぶり、強力なリーダーシップと上司・同僚・後輩に分け隔てなく接する慈愛の精神、そして誠実な姿勢と相手の心に真っ直ぐ届く芳醇な言葉で人心を摑む外交手腕など、あらゆる能力が卓越した傑物であった。二〇一五年三月二九日、松田氏は逝去された。私は、松田氏のような大局観を備え国益を追求する人物が国の指導的な立場を担ったならば、日本はもっと素晴らしい場所になるだろうと、今でも本気で信じる。

父・功一と母・智子に感謝したい。学生時代、進学先で悩んでいるとき、「健太がしたいことがあればそれをサポートする、そのための教育費を惜しまない」と言ってくれた。三人兄弟だったので、生活は決して楽ではなかったはずである。しかし、私はそのおかげで自分がしたいことを、自分の意志で比較的自由に選ぶことができたと思う。それは人生で最も幸福なことの一つだ。今の自分があるのは両親のおかげだ。

最後に、妻・ルミ子と、娘と息子の支えに感謝を伝えたい。夫婦共働きということもあるが、アフガニスタン情勢の急変を受けて、紛争再発予防を専門とする妻もまた多忙を極めた。仕事と家庭を両立するのが難しい局面でも、夫婦で力を合わせて乗り越えてきた。娘と息子はいつもそばに寄り添い、励ましてくれた。私と妻がともに関わってきたアフガニスタンに、家族揃っていつか行ける日が来ることを願っている。

二〇二一年一二月　東京にて

青木健太

関連年表

紀元前6世紀　アケメネス朝(～紀元前4世紀)
紀元前4世紀　アレクサンダー大王東方遠征
10世紀　ガズナ朝(～12世紀)
12世紀　ゴール朝(～13世紀)
13世紀　チンギス・ハーンの大遠征
14世紀　ティムール朝(～16世紀)
1747年　ドゥッラーニー朝が勃興(～1973年)
1839年　第一次アフガン戦争(～1842年)
1878年　第二次アフガン戦争(～1881年)
1880年　アブドゥルラフマーン国王の治世(～1901年)
1893年　デュランド・ライン確定
1919年　アマーヌッラー国王即位(2月)，第三次アフガン戦争，大英帝国から独立
1933年　ザーヒル国王の治世(～1973年)
1964年　憲法発布(10月1日)
1973年　ダーウードによる無血クーデタが勃発(7月17日)，アフガニスタン共和国が成立
1978年　サウル革命が勃発(4月27日)，アフガニスタン民主共和国が成立
1979年　ソ連軍がアフガニスタンに侵攻(12月)
1989年　ソ連軍がアフガニスタンから撤退(2月)
1992年　ムジャーヒディーン各派が権力掌握(4月28日)，アフガニスタン・イスラーム国が成立
1994年　南部カンダハールでターリバーンが出現
1996年　ターリバーンがカーブルを制圧，ナジーブッラー元大統領を処刑(9月27日)
1997年　ターリバーンがアフガニスタン・イスラーム首長国を宣言(10月26日)
1998年　ケニアとタンザニアのアメリカ大使館爆発事件が発生(8月7日)，ターリバーンが北部マザーリシャリーフを制圧

(8月9日)，イラン外交官殺害事件が発生(8月9日)，アメリカがアル＝カーイダ拠点に巡航ミサイルを発射(8月20日)

1999年　インド航空機ハイジャック事件が発生(12月)

2000年　チェチェン大使館が開設(1月)

2001年　バーミヤーン大仏破壊(3月)，マスード司令官暗殺事件が発生(9月9日)，アメリカ同時多発テロ事件が発生(9月11日)，北部同盟がカーブルを制圧(11月13日)，ボン合意が締結(12月5日)，暫定政権が成立(12月22日)

2002年　緊急ロヤ・ジルガ開催を通じて移行政権が成立(6月)

2004年　憲法発布(1月26日)，カルザイ大統領が就任(12月7日)，アフガニスタン・イスラーム共和国が成立

2011年　ウサーマ・ビン・ラーディン殺害(5月1日)

2014年　ガニー大統領が就任(9月29日)，駐留外国軍戦闘部隊が撤収(12月)

2020年　アメリカとターリバーンがドーハ合意を締結(2月29日)，イスラーム共和国とターリバーンが和平交渉を開始(9月12日)

2021年　アメリカが軍撤退を発表(4月14日)，ターリバーンがカーブルを制圧(8月15日)，アメリカ軍が撤退(8月30日)，ターリバーンが暫定内閣を発表(9月7日)

青木健太

1979年東京生まれ．上智大学卒業．英ブラッドフォード大学平和学修士課程修了．2005年からアフガニスタン政府省庁アドバイザー，在アフガニスタン日本国大使館書記官などとして同国で7年間勤務．帰国後，外務省国際情報統括官組織専門分析員，お茶の水女子大学講師を経て，
現在—中東調査会研究員
専攻—現代アフガニスタン，およびイランの政治・安全保障
著書—『アフガニスタンを知るための70章』(分担執筆，明石書店，2021年)，『ハイブリッドな国家建設』(分担執筆，ナカニシヤ出版，2019年)，*Quad Plus and Indo-Pacific* (Co-author, Routledge, 2021) 他

タリバン台頭
—混迷のアフガニスタン現代史　　岩波新書(新赤版)1920

2022年3月18日　第1刷発行

著　者　青木健太《あおきけんた》

発行者　坂本政謙

発行所　株式会社 岩波書店
〒101-8002 東京都千代田区一ツ橋2-5-5
案内 03-5210-4000　営業部 03-5210-4111
https://www.iwanami.co.jp/

新書編集部 03-5210-4054
https://www.iwanami.co.jp/sin/

印刷・三陽社　カバー・半七印刷　製本・中永製本

ISBN 978-4-00-431920-7　　Printed in Japan

岩波新書新赤版一〇〇〇点に際して

ひとつの時代が終わったと言われて久しい。だが、その先にいかなる時代を展望するのか、私たちはその輪郭すら描きえていない。二〇世紀から持ち越した課題の多くは、未だ解決の緒を見つけることのできないままであり、二一世紀が新たに招きよせた問題も少なくない。グローバル資本主義の浸透、憎悪の連鎖、暴力の応酬――世界は混沌として深い不安の只中にある。

　現代社会においては変化が常態となり、速さと新しさに絶対的な価値が与えられた。消費社会の深化と情報技術の革命は、種々の境界を無くし、人々の生活やコミュニケーションの様式を根底から変容させてきた。ライフスタイルは多様化し、一面では個人の生き方をそれぞれが選びとる時代が始まっている。同時に、新たな格差が生まれ、様々な次元での亀裂や分断が深まっている。社会や歴史に対する意識が揺らぎ、普遍的な理念に対する根本的な懐疑や、現実を変えることへの無力感がひそかに根を張りつつある。そして生きることに誰もが困難を覚える時代が到来している。

　しかし、日常生活のそれぞれの場で、自由と民主主義を獲得し実践することを通じて、私たち自身がそうした閉塞を乗り超え、希望の時代の幕開けを告げてゆくことは不可能ではあるまい。そのためには、いま求められていること――それは、個と個の間で開かれた対話を積み重ねながら、人間らしく生きることの条件について一人ひとりが粘り強く思考することではないか。その営みの糧となるものが、教養に外ならないと私たちは考える。歴史とは何か、よく生きるとはいかなることか、世界そして人間はどこへ向かうべきなのか――こうした根源的な問いとの格闘が、文化と知の厚みを作り出し、個人と社会を支える基盤としての教養となった。まさにそのような教養への道案内こそ、岩波新書が創刊以来、追求してきたことである。

　岩波新書は、日中戦争下の一九三八年一一月に赤版として創刊された。創刊の辞は、道義の精神に則らない日本の行動を憂慮し、批判的精神と良心的行動の欠如を戒めつつ、現代人の現代的教養を刊行の目的とする、と謳っている。以後、青版、黄版、新赤版と装いを改めながら、合計二五〇〇点余りを世に問うてきた。そして、いままた新赤版が一〇〇〇点を迎えたのを機に、人間の理性と良心への信頼を再確認し、それに裏打ちされた文化を培っていく決意を込めて、新しい装丁のもとに再出発したいと思う。一冊一冊から吹き出す新風が一人でも多くの読者の許に届くこと、そして希望ある時代への想像力を豊かにかき立てることを切に願う。

（二〇〇六年四月）